«Die Volksrepublik China hat 1,3 Milliarden Einwohner. Das sind sechzehnmal mehr als Deutschland. Der Zufall will es, dass Deutschland seinerseits just sechzehnmal mehr Einwohner zählt als der deutschsprachige Teil der Schweiz. Wenn sich nun ein deutscher Leser in die Lage von uns Deutschschweizern hineinversetzen möchte, dann möge er sich bitte vorstellen, im Osten grenzte sein Land nicht an Polen, sondern eben an China. Wenn in der Schweiz 201 899 Deutsche leben, was am 31. Dezember 2007 der Fall war, dann fühlt sich das für uns in etwa so an, wie wenn drei Millionen Chinesen im (imaginierten) Nachbarland Deutschland lebten. Und jedes Jahr ein paar hunderttausend hinzukämen. Und an der Berliner Charité ein Drittel der Ärzte aus dem Reich der Mitte stammten, in einigen Abteilungen gar siebzig und mehr Prozent (entspricht den Verhältnissen am Universitätsspital Zürich). Und in Hamburg in der U-Bahn eine Stimme mit chinesischem Akzent ‹Lathaus› oder ‹Lan-Dungs-Blü-Ken› ansagte. Und im Kölner Dom ein Pastor aus Peking die Gemeinde aufforderte, gemeinsam das ‹Vatel Unsel› zu beten.»

Bruno Ziauddin ist Autor der Schweizer *Weltwoche* und freier Mitarbeiter des Magazins der *Süddeutschen Zeitung*. Der Sohn eines indischen Ingenieurs und einer Schweizer Krankenpflegerin wurde 2007 zum zweiten Mal mit dem renommierten Zürcher Journalistenpreis ausgezeichnet.

Bruno Ziauddin

Grüezi Gummihälse

**Warum uns die Deutschen manchmal
auf die Nerven gehen**

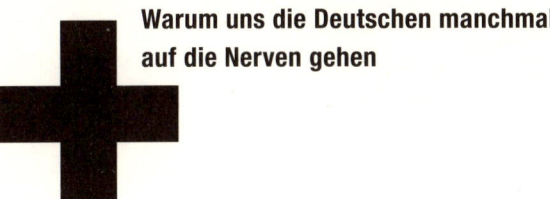

Rowohlt Taschenbuch Verlag

Originalausgabe
Veröffentlicht im Rowohlt Taschenbuch Verlag,
Reinbek bei Hamburg, Juni 2008
Copyright © 2008 by Rowohlt Verlag GmbH,
Reinbek bei Hamburg
Umschlaggestaltung ZERO Werbeagentur, München
(Titelillustration: Susanne Kracht, München)
Satz aus der Proforma PostScript, InDesign,
bei Pinkuin Satz und Datentechnik, Berlin
Druck und Bindung Druckerei C. H. Beck, Nördlingen
Printed in Germany
ISBN 978 3 499 62403 2

Inhalt

Ein bisschen Einleitung

Wird ein Schweizer von seiner Firma befördert oder mit einem wichtigen Projekt betraut, dann sagt er, vor allem wenn das Ganze eher überraschend kommt, «ich habe diese Aufgabe nicht gesucht, sie wurde an mich herangetragen». Damit signalisiert er den Kollegen, dass er kein ruchloser Karrierist ist, kein Ehrgeizling, der sich auf Kosten anderer vordrängelt. Zugleich versichert er auf diese Weise, dass sich zwischen ihm und ihnen nichts ändert, dass er sich wegen ein bisschen Aufstieg nicht für etwas Besseres hält, weiterhin freundlich grüßt und sich weiterhin in der Kantine zu den anderen aus der Abteilung an den Mittagstisch zu setzen gedenkt. Kurz: Er will es sich mit den Kollegen nicht verderben, will auf gut Schweizerdeutsch keine *Lämpen*.

An alle in der Schweiz lebenden Deutschen, die mich kennen, kannten oder noch kennenlernen werden – Nachbarn, Freunde, Arbeitskollegen, Physiotherapeuten, Kellner, Türsteher, Rheumatologen:

Ich habe diese Aufgabe nicht gesucht, sie wurde an mich herangetragen.

Und zwar gleich zweimal. Im Sommer letzten Jahres vom Magazin der *Süddeutschen Zeitung*, das, aufgeschreckt von ziemlich deftigen Schlagzeilen in der Schweizer Presse, von mir beschrieben haben wollte, was denn die «Eidgenossen», wie man uns in

Deutschland so schaurig gerne nennt, an den vielen Deutschen stört, die es sich neuerdings in ihrem Land gemütlich machen. Und einige Wochen nach Erscheinen des Artikels auch noch von dem charmanten Verlag, der nun dieses Büchlein – wir Schweizer stehen bekanntlich auf den Diminutiv – herausgibt.

Es ist normalerweise nicht so, dass ich in meinem Schweizer Leben am Morgen aufwache und mich als Erstes frage, wie viele Deutsche wohl über Nacht wieder eingewandert sind. (Gut 30 000 waren es im letzten Jahr.) Es ist auch nicht so, dass ich als Zweites das Fenster aufreiße, um nachzusehen, ob unten auf der Straße wieder dieser Halbschlaue herumlungert, der Briefkästen fotografiert. Das ist tatsächlich passiert! Und es war ein Deutscher! Ein vielleicht dreißigjähriger Mann, dessen einziges Merkmal ein schlecht sitzender Anzug war, stand eines Morgens vor dem Eingang unseres Miethauses und machte mit einer Digitalkamera Aufnahmen der Briefkästen. Als ich ihn fragte, was genau das hier werden solle, antwortete er leicht eingeschnappt, er wolle bloß herausfinden, wer der «Makler» des Hauses sei. Der Mann sprach ein mildes Schwäbisch oder Sächsisch. So genau können wir das nicht unterscheiden, noch nicht. Jedenfalls heißt es bei uns nicht Makler, sondern Verwaltung.

Alles in allem, so muss ich gestehen, bin ich ein ausgesprochener Deutschland-Nichtexperte, zumindest bezüglich eigener Anschauung «vor Ort», wie man nordrheinisch so flott zu formulieren pflegt. Darin unterscheide ich mich kaum von der Mehrheit meiner Landsleute, die gerne und oft in der Welt herumreisen – südwärts, westwärts, ostwärts, bergwärts, nur nicht gen' Norden, und wenn, dann richtig, indem sie eine Feriendestination zwischen Kopenhagen und der Arktis ansteuern. Mein erstes

Deutschland-*Reisli* führte mich nach Konstanz, so denn dieses Örtchen überhaupt in Deutschland und nicht in Österreich liegt. Ich muss zwölf oder dreizehn Jahre alt gewesen sein und nahm mit meiner Fußballmannschaft an einem Juniorenturnier teil. Zu jenem Zeitpunkt hatte ich mit den Eltern bereits Paris gesehen und Rom, die jugoslawische Adriaküste, Budapest und die Camargue. Alsbald sollten Wien und London und Irland und Schweden hinzukommen. Aber Deutschland?

Ich entsinne mich noch vage daran, wie ich in einem Konstanzer Lokal, das irgendwie düsterer war als das, was ich von der Schweiz her kannte, ein Getränk vorgesetzt bekam, das wie Cola aussah, aber zu meiner Enttäuschung überhaupt nicht wie Cola schmeckte. Da wusste ich: Jetzt bist du schwer im Ausland. (Wir Schweizer sagen übrigens *Coci* – sprich in etwa «Ggo-ggi» –, was zugleich ein Kosewort für Kokain ist. Aber das ist ein anderes Thema.)

Das Einzige, das mir von dem Juniorenturnier in Erinnerung geblieben ist: Wir gewannen. Würde man die eigene Vergangenheit überkritisch beleuchten wollen, könnte man darauf hinweisen, dass mein Verein aus Zürich war, der größten Stadt der Schweiz, und eine der besten und stolzesten Nachwuchsabteilungen des Landes stellte, während unsere Gegnerschaft allesamt aus Provinz-, Dorf- und Nochweniger-Mannschaften bestand. Es war also in etwa so, wie wenn Wladimir Klitschko gegen Stefan Raab boxte. Sei's drum, ich war überzeugt, wir hätten an diesem Tag auch die Bayern vom Platz kombiniert. Seitdem ist meine Ehrfurcht vor dem deutschen Fußball nicht ganz so groß, wie sie aufgrund der von den einschlägigen Länderspiel- und Europapokalstatistiken suggerierten Realitäten vermutlich zu sein hätte. Mehr zu diesem leidigen Thema vielleicht später, in einem noch zu schreibenden Kapitel. (Entspannen Sie sich, werter deutscher Leser, es ist nun mal nicht alles im Leben planbar!)

Ich würde behaupten, unter normalen Umständen ist meine Haltung Deutschen und Deutschem gegenüber so neutral wie Babyshampoo von Johnson. Dies dürfte auf die meisten Schweizer zutreffen, wenngleich auf den ersten Blick wenig für diese These spricht. Apropos *Blick*: So heißt unser Pendant zur *Bild*-Zeitung, und dieses hat Anfang letzten Jahres mit einer Serie zum Thema «Wie viele Deutsche verträgt die Schweiz?» für Aufsehen, Heiterkeit oder schlechte Laune gesorgt, je nach Standpunkt. Der *Südkurier* (Baden-Württemberg) sprach gar von einer «mehrteiligen Serie», wobei mir persönlich relativ wenig einteilige Serien bekannt sind. Zurück zu den normalen Umständen, unter denen wir deutschneutral sind. Dazu gehört ARD, ZDF oder Vox schauen, eine Miele-Waschmaschine bedienen oder im Tram (bei uns heißt es *das*, nicht die Tram) schweigend neben einem schweigenden Deutschen zu sitzen. Nicht normale Umstände sind, nebst RTL II schauen, die Zeiten einer Fußball-WM oder -EM, im Tram schweigend neben drei nicht schweigenden Deutschen zu sitzen, ferner das plötzliche Eindringen des Teutonischen in landesintime Situationen.

Unter einer landesintimen Situation hat man sich beispielsweise das Vorzeigen des Halbtax-Abos auf einer Zugreise mit den Schweizerischen Bundesbahnen SBB vorzustellen. Wie der Name unmissverständlich verrät, verhilft einem das *Halbtax* zu einer Ermäßigung von fünfzig Prozent auf sämtliche Bahnfahrten mit unserer SBB. – Eine schweizerische Institution, gute Sache, jeder hier hat es. Wenn dann, sagen wir auf der Fahrt von Männedorf nach Dietikon, unvermittelt ein Schaffner auftaucht – die heißen bei uns eigentlich Kondukteure, aber für einmal will der lokale

Ausdruck nicht so recht passen –, wenn also ein Schaffner norddeutsch genäselt fragt, «Kannichmalbitteihrhalbtagssehen?», sodass es sich anfühlt, als hätte man eine Eispackung aufs Ohr gelegt bekommen, dann:

Davon wird noch ausführlicher die Rede sein müssen, das sei, bei aller Spontaneität, schon mal angekündigt.

Natürlich habe ich für dieses Büchlein mit zahlreichen Menschen gesprochen, mit Schweizern und, im Sinne einer ausgewogenen Berichterstattung, auch mit ein paar Deutschen. Von Letzteren werden jene, die sich positiv über unser Land geäußert haben, ausführlich zu Wort kommen (sorry Birgit und Jenny). Aber zwischendurch hat man ja ganz gern nicht nur Meinungen, sondern auch ein paar Zahlen, Daten und Fakten. Auch wenn meiner Meinung nach «Zahlen, Daten und Fakten» oft nicht mehr sind als die Polemik der Buchhalter und Statistiker.

Also: Die Volksrepublik China hat 1,3 Milliarden Einwohner. Das sind sechzehnmal mehr als Deutschland. Der Zufall will es, dass Deutschland seinerseits just sechzehnmal mehr Einwohner zählt als der deutschsprachige Teil der Schweiz (4,8 von insgesamt 7,5 Millionen). Wenn sich nun ein deutscher Leser in die Lage von uns Deutschschweizern hineinversetzen möchte, dann möge er sich bitte vorstellen, im Osten grenzte sein Land nicht an Polen, sondern eben an China. Wenn in der Schweiz 201 899 Deutsche leben, was am 31. Dezember 2007 der Fall war, dann fühlt sich das für uns in etwa so an, wie wenn drei Millionen Chinesen im (imaginierten) Nachbarland Deutschland lebten. Und jedes Jahr ein paar hunderttausend hinzukämen. Und an der Technischen Universität München fünfzig Prozent der Professorenstellen mit Chinesen besetzt wären (entspricht dem D-Anteil an der Hochschule St. Gallen). Und an der Berliner Charité ein Drittel der Ärzte aus dem Reich der Mitte stammten, in einigen Abteilungen gar siebzig und mehr Prozent (entspricht den Verhältnissen am Universitätsspital Zürich). Und in Hamburg in der U-Bahn eine Stimme mit chinesischem Akzent «Lathaus» oder «Lan-Dungs-Blü-Ken» ansagte. Und im Kölner Dom ein Pastor aus Peking die Gemeinde aufforderte, gemeinsam das «Vatel Unsel» zu beten.

Die Gründe, warum es immer mehr Deutsche in die Schweiz zieht, sind simpel. Erstens und vor allem: Wir sind ein tolles Land. Was des Weiteren mitspielen mag: Der florierenden Schweizer Wirtschaft fehlt es an einheimischen Arbeitskräften, nicht zuletzt an gut- bis hochqualifizierten. Handwerker, Kindergärtnerinnen, Börsenanalysten, Chirurgen, Hochschulprofessoren et cetera. Brutal überspitzt könnte man sagen: Wir Schweizer brauchen die Deutschen. (Ob ich so bald wieder eine Friedenspfeife herumreichen werde, ist mehr als ungewiss. Nehmen Sie lieber jetzt einen tiefen Zug, geschätzter Leser.) Selbst eigene Pfarrersleute gehen uns allmählich aus. Das hat den *Blick* – es heißt die *Bild*, aber der *Blick* – zu folgender Zeile inspiriert: «Heiliger Bimbam, jetzt erobern die Deutschen sogar unsere Kirchen.»

Viel mehr jedoch als wir die Deutschen, dies drittens, brauchen die Deutschen *uns*. Deren Arbeitsmarkt funktioniert bekanntlich etwa so reibungslos wie die Müllentsorgung in Neapel, sodass all die gut- bis hochqualifizierten deutschen Handwerker, Kindergärtnerinnen, Börsenanalysten, Chirurgen, Hochschulprofessoren im eigenen Land entweder keinen Job finden oder einen, der so mies entlohnt wird, dass es billiger ist, gleich zu Hause zu bleiben. Wir in der Schweiz hingegen leben nach dem Motto: Hohe Berge, hohe Löhne, tiefe Steuern. Viertens ist am

1. Juli 2004 das sogenannte Personenfreizügigkeitsabkommen zwischen der Schweiz und der Europäischen Union in Kraft getreten, welches die Hürden für Deutsche und andere EU-Bürger auf dem Schweizer Arbeitsmarkt schrittweise beseitigt hat. Seither ist es nicht mehr nur so, dass die ganze Welt bei uns Ferien macht und ihren Sparstrumpf lagert. Nun arbeitet auch noch halb Europa hier. Selbstverständlich wurde dieses Abkommen, wie das bei uns so Sitte ist, in einer Volksabstimmung gutgeheißen. Bedenkt man, dass das Verhältnis vieler Schweizer zur EU etwa so entspannt ist wie das eines Mieters zu einem Nachbarn, der zwar immer freundlich grüßt, aber zwei Köpfe größer ist, die Arme mit Knast-Tattoos tapeziert hat und aus dessen Wohnung man wimmernde Kinderstimmen dringen zu hören glaubt, dann muss man zugeben: ganz schön mutig.

Nein, es ist keineswegs so, dass ich deutschenfixiert bin. Außer eben, es werde an mich herangetragen, mir nähere Gedanken zu unseren Mitbürgern aus dem nördlichen Nachbarland (dem großen Kanton, wie die Älteren hier sagen) zu machen. Beide Male, da dies der Fall war, gab man mir übrigens zu verstehen, dass ich durchaus ein bisschen fies sein dürfe bei der Behandlung des Themas. Diesem Wunsch habe ich, im Rahmen meiner Möglichkeiten, zu entsprechen versucht. Der Kunde ist schließlich König. Der Artikel fürs SZ-Magazin ist jedenfalls sehr gut angekommen. Zumindest bei den Schweizern, die ihn gelesen haben. Aus Deutschland bleibt mir vor allem ein E-Mail in Erinnerung (wir sagen *ein*, nicht eine Mail). Es ist das längste, das ich je bekommen habe, und maß zirka einen halben Meter. So genau kann ich das nicht sagen, denn ich habe es nie ausgedruckt, und einen Maßstab über den Bildschirm meines Laptops zu halten bei gleichzeitigem Betätigen der *Page down*-Taste, das übersteigt meine motorischen Fähigkeiten.

Apropos Maßstab (ich werde sogleich auf das bemerkenswerte Mail zurückkommen): Ein Bekannter von mir war neulich bei der Ikea. Obwohl Deutsche bei uns nicht im Rufe stehen, besonders weltläufig zu sein, gehe ich davon aus, dass dieses schwedische Möbelhaus keiner weiteren Einführung bedarf und auch in der Heimat von Aldi, Hagebaumarkt und Ado-Gardinen bekannt ist. Bei uns heißt es übrigens Vorhänge, nicht Gardinen. Jedenfalls beobachtete mein Bekannter, wie ein deutscher Kunde die Ikea-Verkäuferin in diesem forschen Preußen-Sound, auf den wir Schweizer so wahnsinnig stehen, fragte: «Wo krieg ich hier 'nen Zollstock?»

Verkäuferin: «Block?»

Kunde: «Ne, einen Zollstock.»

Verkäuferin, ratlos: «Was für einen Schtock, bitte?»

Kunde, mittlerweile bellend: «ZOLLSTOCK, ICH WILL 'NEN ZOLLSTOCK!»

Tja. Begriff in der Schweiz leider gänzlich unbekannt; es heißt hier Maßstab, Messband, *what ever*. Am Zoll machen wir ganz andere Dinge. Zum Beispiel nach Zollstöcken bellende Deutsche ins Land lassen.

Zurück zum 0,5-Meter-E-Mail. Es handelte sich dabei, der Leser ahnt es, nicht um eine Lobeshymne, sondern um eine wüste Tirade gegen meinen furchtbar dummen, primitiven, platten, nationalistischen, rassistischen Antideutschenartikel. Absenderin des elektronischen Tobsuchtsanfalls war eine Frau aus Hamburg, eine Museumskuratorin oder Regieassistentin oder Theaterpädagogin, jedenfalls etwas in der Richtung. Unter anderem echauffierte sich die Frau darüber, dass ihr Volk in dem Artikel

14

als hierarchiegläubig hingestellt werde. Ich hatte einen Schweizer Krankenpfleger namens Max zitiert (in der Schweiz wird auch ohne triftigen Grund geduzt), der sich über die Unterwürfigkeit deutscher Assistenzärzte gegenüber den Vorgesetzten lustig machte. Max erzählte, dass die deutschen Assistenzärzte von den Einheimischen GUMMIHÄLSE genannt werden – weil sie unentwegt nicken, wenn der Chef etwas sagt. Das fand die Frau aus Hamburg gar nicht lustig. Darüber beschwerte sie sich nicht nur bei mir, sondern cc. bei sämtlichen Chefs, stellvertretenden Chefs und Fast-Chefs jenes Schweizer Wochenmagazins, für das ich hauptsächlich schreibe. Vielleicht hoffte die dergestalt ihre eigene Obrigkeitsgläubigkeit offenbarende Dame, einer der Herren Vorgesetzten würde sich aus seinem Chefsessel erheben und mich, als Strafe für so viel Unflat, mit 'nem Zollstock züchtigen.

Vor allem aber konnte sich die Frau nicht mit der Deutschen-Typologie anfreunden, die ich eigens für den Artikel entworfen hatte und die – im Bemühen um einen differenzierten Journalismus wider verantwortungslose Verallgemeinerungen – unsere deutsche *Community* in verschiedene Kategorien einzuteilen trachtete. Ich möchte dem Leser diese SYSTEMATISIERUNG des Untersuchungsgegenstandes nicht vorenthalten und erlaube mir, sie an dieser Stelle in aktualisierter, überarbeiteter und ergänzter Form nochmals wiederzugeben. Aktualisiert, überarbeitet und ergänzt nicht zuletzt deshalb, weil ich mir dadurch erhoffe, endlich auch die Frau aus Hamburg als Fan meines Œuvres zu gewinnen.

Volkskunde

Deutsche in der Schweiz: eine kleine Typologie

Der Ach-wie-niedlich-hier-alles-ist-Deutsche

Dass ein Schweizer die Deutschen nicht ernst nimmt, kommt eher selten vor. Das Umgekehrte andauernd. In Köln, wo sich unser Fan-*Grüppli* während der letzten Fußball-WM aufhielt, reichte ein halber Satz aus unserer Mitte, und die eben noch furchteinflößend finster dreinblickende Serviertochter begann zu grinsen, als hätte sie eine Hanfplantage weggekifft. Das hat uns überhaupt nichts ausgemacht. Schließlich waren wir in den Ferien, und in den Ferien nehmen wir uns nicht einmal selber ernst. Zu Hause ist das ein wenig anders. Zwar gibt es bei uns tatsächlich keine Favelas, kein Empire State Building, keine Nuklearwaffen und nicht einmal richtige Regierungskrisen. Aber auch in der schönen, reichen Schweiz wird geschieden und gestorben, geklaut, gemordet und gekündigt, werden Kinder auf die Welt gebracht, Krebserkrankungen überwunden und Nobelpreise gewonnen. Die *Ach-wie-niedlich-hier-doch-alles-ist-Deutschen* zählen daher nicht zu den populärsten Ausländergruppen im Land.

Ein Berufskollege von der Konkurrenz, der viel mit Deutschen zu schaffen hat, formuliert es so: «Am schlimmsten sind Komplimente, die mit gönnerhafter Herablassung vorgebracht werden. Haustier-Metaphern im Stil von ‹Was für einen putzigen Dialekt ihr doch sprecht!›» Roman sieht es ähnlich: «Manche schauen dich an, als wollten sie dir gleich über den Kopf streicheln.» Roman hat einschlägige Erfahrungen gemacht. Der Mann ist ein landesweit bekannter Radio- und Fernsehmoderator. Kraft seiner Telegenialität lud man ihn im Sommer der Gastfreundschaft nach Berlin, wo er für den Privatsender Premiere die Fußballweltmeisterschaft kommentieren durfte. All die Beckenbauers und Hitzfelds und Effenbergs, die er interviewte, so hat Roman beobachtet, seien viel freundlicher mit ihm umgegangen als mit den deutschen Moderatoren. «Gut möglich, dass auch eine Spur Mitleid dabei war, im Stil von: ‹Den dürfen wir jetzt nicht hängenlassen.› So wie man einer Dame zu Hilfe eilt, deren Auto mit rauchendem Motor auf dem Pannenstreifen steht.»

Roman wüsste noch weitere Erlebnisse zu erzählen. Aus Berlin, aber auch aus seiner Heimatstadt Zürich. Unter anderem hat er dort einem prominenten germanischen Großmaul ebendieses gestopft. So etwas gelingt unsereinem so selten wie Siege gegen Deutschland im Fußball (in der im Grunde genommen viel bedeutenderen Sportart Eishockey schaffen wir das glücklicherweise andauernd). Und weil derlei so selten ist, ist es besonders schön. Und weil es besonders schön ist, wollen wir mit der exklusiven Enthüllung der Details und Weiterungen der Großmaulstopf-Episode noch ein *bitzeli* warten und uns stattdessen der nächsten Einwanderergruppe zuwenden.

Der Ich-bin-von-den-Schweizern-enttäuscht-Deutsche

Streng genommen handelt es sich hierbei um eine aus obiger Gruppe hervorgegangene Subkategorie. Weil sie uns so süß fanden, bevor sie sich hier niedergelassen haben, weil sie uns mit «Urlaub» in Verbindung brachten, mit grenzenlosem Wohlstand, alpiner Gemütlichkeit, drolligen Gebräuchen und unbeschwertem Fondue-Plausch, sind manche Deutsche pikiert, dass ihnen bei der Einreise kein Empfangskomitee zujodelt, dass anlässlich ihres Einzugs in die neue Mietswohnung keine Girlanden am Haus baumeln und dass sie auch nach drei Monaten noch immer keine Schweizer Freunde fürs Leben gefunden haben. Zugegeben, weder sind wir die Könige des Smalltalks noch zählt nimmer versiegende Herzlichkeit zu unseren Primärtugenden. Aber wer schon einmal versucht hat, sich in Paris oder London einen Bekanntenkreis aufzubauen, weiß: Auch anderswo kann es ein bisschen dauern.

Der erwähnte Kollege von der Konkurrenz: «Die Deutschen sind immer ganz empört, wenn sich die Schweizer nicht als die Gartenzwerge entpuppen, die wir gemäß ihren Vorstellungen zu sein haben.» In der Tat erstaunt die Larmoyanz, mit der Enttäuscht-Deutsche ihr Los beklagen, sich auf diesem ach so unwirtlichen Flecken Erde namens Helvetien durchschlagen zu müssen. «Schweizer helfen dir nicht, wenn es dir beschissen geht», jammerte eine aus Erfurt Zugezogene in einem hiesigen Presseorgan. Die Frau hieß mit Vornamen Anke, was eigentlich nichts zur Sache tut, mir aber die Gelegenheit zu einem kleinen Exkurs in die Welt der deutschen Namensgebung gibt. Viele deutsche Vornamen tönen für Schweizer Ohren ziemlich schräg und induzieren die eigenartigsten Assoziationen:

Anke: Akne.

Horst: Der Adler ist gelandet.

Hasso: All you need is love.

Waltraud: Handgeknöpfter Wandteppich in einem Altersheim.

Wiebke: Lebensgefährtin eines Waldschrats / Fencheltee.

Rüdiger: Das Problem hier ist, dass *rüdig* in einigen Landesteilen so viel wie «sehr» oder «verdammt» heißt. Anwendungsbeispiel: «Ein *rüdig* nettes Paar» (*Blick*). Oder: «*Lozärn isch immer rüdig dä Plausch*» – in Luzern ist es immer verdammt lustig (privater Weblog). Überspitzt könnte man sagen: *Rüdig* ist die Schweizer Antwort auf das angelsächsische *fucking*. Helvetischer Gangsta Rap, sozusagen.

Detlef: Aus nicht nachvollziehbaren Gründen sehe ich sogleich einen unablässig mit dem Schwanz wedelnden Dackel vor mir. Folgerichtig fällt mir als Nächstes Wolfgang Kleff ein, der großartige Siebzigerjahre-Torwart von Borussia Mönchengladbach. Der Schweizer Allgemeinheit dürfte «Detlef» jedoch schlicht als eines von diversen Synonymen für Deutsche geläufig sein. Beispiel: Wenn es sich eine Gruppe Allgäuer mit Fielmann-Brillen am Tresen einer angesagten Zürcher Bar gemütlich macht, dann kann es passieren, dass ein Einheimischer seinem Gegenüber zuraunt: «Schau, jetzt haben die Detlefs dieses Lokal auch schon entdeckt.»

Nun bin ich völlig vom Thema abgekommen; entschuldige gehorsamst. Einer dieser Enttäuscht-Deutschen rapportierte der *Süddeutschen Zeitung*, dass in Zürich während der letzten Fußball-WM «keiner deutsche Fahnen schwenkte, die anderen Nationen wehten überall». Was der Mann offenbar nicht mitbekommen hatte: Das waren gar keine Eidgenossen, die da aller Herren Länder Fahnen schwenkten, nur nicht Schwarz-Rot-Gold. In Zürich leben Menschen aus 167 Nationen (so viel zur angeblichen Weltfremdheit unseres Kleinstaats), und die lassen ihre Flaggen ganz von allein im Wind flattern, ohne dass wir ihnen zur Hand gehen.

Wichtigste Klage ist und bleibt aber: dass man in der Schweiz nur wenige Schweizer näher kennenlernt. Vielleicht tröstet die Kläger dies: Auch wir Schweizer lernen nur wenige Schweizer näher kennen. Wir sind ein Volk von Individualisten und können uns Schöneres vorstellen, als uns allabendlich zusammenzurotten oder in Horden um die Häuser zu ziehen. Fanmeilen, Lichterketten und Massen-Schunkeleien sind nun mal deutsche Erfindungen.

Der Ruckzuck-Zackzack-Preuße

Wer kennt sie nicht, die beliebten Trickfilm-Helden Ruck, Zuck und Zack? Während Generationen Symbol einer ins Schneidige und Aggressive tendierenden deutschen Leitkultur, scheinen sie in der modernen Bundesrepublik nur noch einer schwindenden Zahl von Bürgern als *role models*[+] zu dienen. Die Welt, eine einzige Wiese, die gemäht werden muss. Wo ein Wille ist, ist auch ein Trampelpfad. Deutsche Urlauber, ein Tsunami in umgekehrter Richtung, der vom Landesinneren in Richtung Küste donnert.

[+] **Es heißt ja, die Deutschen seien latent fremdsprachenbehindert. Im Sinne einer freundnachbarschaftlichen Geste soll die Lektüre dieses Büchleins dem Leser, ganz zwanglos und nebenbei, zum Erwerb einiger Brocken Englisch, Französisch und Italienisch verhelfen.**

Der D-Auswanderer: So, jetzt bin ick da. Integriert mich mal schön, liebe Schwitzer. Aber dalli!

Nein, solche Exempel klischierten Deutschrumpeltums werden immer seltener. Ich finde: zum Glück. Mein Freund Tom sieht das ein wenig anders. Zumindest behauptete er das bei unserer letzten Unterhaltung im Ristorante Italia[+] in Zürich. Dazu muss man wissen, dass Tom eigentlich eine äußerst liebenswerte Person ist. Aber manchmal hat er einfach schlechte Laune. Zudem tendiert er zu einer hypochondrierenden Phantasie. Tom machte ein trauriges Gesicht und sagte, er sei überzeugt, dass die Deutschen früher oder später unsere schöne Stadt übernehmen und «ein München II» aus ihr machen würden. «Schon jetzt bilden sie in Zürich die größte Ausländergruppe, noch vor den Italienern, Ex-Jugoslawen, Portugiesen, Tamilen, Türken ...» Das wusste ich längst, schließlich schrieb ich grad ein Buch zu dem Thema. Mein Versuch, Tom zu unterbrechen, stachelte ihn aber nur noch mehr an, und er fuhr mit leicht gerötetem Kopf fort: «Statt endlich ihr eigenes Land in Ordnung zu bringen, hauen sie ab in den Rest der Welt. 155 000 Deutsche sind vorletztes Jahr ausgewandert, so viele wie seit fünfzig Jahren nicht mehr!» – «Habe ich auch gelesen, Tom ...» – «... sie sind und bleiben nun mal Kolonisatoren. Aber weil sie heute nicht mehr in Kampfstiefeln durch die Gegend marschieren, sondern sich auf die unaggressive Tour breitmachen, kannst du nicht einmal mehr in die Résistance.»

Das fand ich nun arg übertrieben, weswegen ich fest entschlossen war, Tom zu widersprechen und etwas Gutes über die

---

+ «Ristorante Italia» ist italienisch und heißt übersetzt: Kneipe Italien.

Deutschen zu sagen. Doch dann kam mir diese Brillenkette namens Krass Optik in den Sinn, die letztes Jahr in einem Shopping
Center am Stadtrand Zürichs eine Filiale eröffnet hatte. Dort lagen Prospekte aus, in denen Dinge standen wie: «Krass in meiner Nähe: Berlin, Hamburg, München.» Oder: «Sollten Sie Ihre
Krass-Brille mal verlieren, etwa beim Angeln am Wolfgangsee ...»
Nicht einmal die Preise waren in Schweizer Franken angegeben,
sondern in Euro. Also ließ ich Tom weiterschimpfen.

Der Perwoll-Deutsche

Historisch gesehen handelt es sich bei diesem Typ um eine Reaktion auf den Ruckzuck-Zackzack-Preußen und Schlimmeres. Er
hat es sich zur Lebensaufgabe gemacht, der Welt in jeder Sekunde seiner Existenz zu demonstrieren, dass nicht alle Deutschen
«so» sind. Er bewegt sich auf leisen Sohlen durch unser Land,
unterhält sich im andächtigen Flüsterton, als sei die Schweiz
eine große Kirche, und hat diesen ostentativ defensiv-schuldbe-
wusst-empathischen Dackelblick drauf, wie man ihn von Alter-
nativtouristen in Drittweltländern kennt. Seine oberste Maxime
lautet: ja nichts falsch machen! Mein Billardpartner Fred, den
ich jeweils am Montagabend zu demütigen pflege (den Mund so
voll zu nehmen, hätte ich mich vor ein paar Jahren noch nicht
getraut – muss am deutschen Einfluss liegen), Fred jedenfalls hat
beobachtet, dass Autos mit deutschen Nummernschildern häufig schon zehn Meter vor dem Fußgängerstreifen anhalten. Nur
keine Schweizer über den Haufen fahren! Sonst heißt es gleich
wieder: Rollkommando. Ein anderer Bekannter behauptet allen
Ernstes, er kenne einen zugezogenen Architekten aus Hessen,

der vor lauter Schiss, etwas falsch zu machen, immer vom Fahrrad steige, sobald er einen Polizisten erblicke.

Was ist das höchste Gut in einer Freundschaft? Schonungslose Offenheit. In diesem Sinne, liebe Perwoll-Deutsche: Man kann sich auch *zu viel* Mühe geben. Diese verkrampfte Musterschüler-Nummer kommt hier jedenfalls nicht so gut an. Vielmehr provoziert sie uns. Weckt den miesen, kleinen Sadisten in uns. Es ist wie damals auf dem Pausenhof. Manchmal überkam einen eine unbändige Lust, ausgerechnet den Bravsten und Friedfertigsten – jenen, der es am wenigsten verdient hatte – in den Schulbrunnen zu *tünkeln*, wie wir hier sagen. Das schlechte Gewissen, das einen nachher beschlich, machte die Sache nur noch reizvoller. Anpassen ist schon okay. Gehört nun mal dazu, wenn man in ein fremdes Land zieht. Aber Charakter-Camouflage fliegt hier sofort auf. Darin sind wir als überlebensschlaue Kleinstaatler selbst Meister.

Kommt hinzu: Viele deutsche Anpasser erwarten, für ihr Anpassertum postwendend belohnt werden. Sie leiten aus ihrem Wohlverhalten nachgerade einen *Anspruch* auf Belohnung ab. Als seien sie Seehunde im Zirkus: für jeden gelungenen Auftritt einen Hering. «Also wenn wir schon nicht mit dem Panzer über die Grenze gefahren sind und in unseren ersten zwei Wochen Schweiz auch kein einziges Mal gesagt haben ‹bei uns in Homburg macht man das aber anders›, dann wollen wir wenigstens von euch geliebt werden.» So wie jene deutsche Familie, die sich im Kanton Solothurn niederließ und über die in einer unserer vielen Sonntagszeitungen geschrieben stand: «Als sie erfuhren, welch wichtige Rolle das Vereinsleben in der ländlichen Schweiz spielt, begannen sie zunächst mit Tennis, später traten sie dem Turnverein bei. Fit wurden sie, aber integriert wurden sie nicht.»

Resigniert bilanzierte der Vater: «Unser Vereins-Hopping hat nichts gebracht.»

Ich weiß genau, wovon der Mann spricht. Schließlich habe ich einige Jahre in London verbracht, als Student der Geschichte und der Politik. Bin wie alle anderen Londoner mit der U-Bahn herumgefahren. Habe genau wie meine Kommilitonen Fish & Chips gegessen und dünnes australisches Bier getrunken. Am Fußgängerstreifen immer zuerst nach rechts geguckt statt wie bei uns zu Hause nach links, man will ja nicht aus der Reihe tanzen. Sämtliche Prüfungen klaglos auf Englisch geschrieben. Studentenfeten besucht, Hausbesetzerfeten und Hausbesitzerfeten; in der Bibliothek den Mädchen freundlich zugelächelt, beim Anstehen in der Kantine nie den Smalltalk gescheut ... Und trotzdem blieb ich London im Großen und Ganzen wurscht! Ich hatte ja nicht gerade erwartet, dass sich die Kunde von meiner Anwesenheit wie ein Lauffeuer in der Stadt verbreitet. Aber wenigstens die Mädchen hätten irgendwann einsehen können, dass ich, objektiv gesehen, ein attraktiver, charmanter, faszinierender Junge war, den man – inmitten all dieser bleichgesichtigen und borniertеn Briten, für die sich schon das Wort «Parmesan» so exotisch anhörte wie eine Expedition zu den Ureinwohnern Borneos –, dass man diesen bezaubernden Schweizer ganz einfach näher kennenlernen wollen MUSSTE.

Ich bin mit den Verhältnissen im Kanton Solothurn nicht vertraut, nehme aber an, sie sind in etwa so wie anderswo auf der Welt: Das Leben ist manchmal ungerecht.

Der Dünkel-Deutsche

Aggressive Variante des *Homo Perwoll*. Ebenfalls gründlich vergangenheitsbewältigt. Zeigt aber seine moralische Erhabenheit offensiv gegen außen. Sehr meinungsstark. Kein Besserwisser, weiß bloß alles besser. Ganz objektiv. Ist für Recycling und gegen Klimawandel. Kann Rot- von Weißwein unterscheiden, weswegen er sich für einen *Conaisseur* hält. Ist sogar imstande, in Italien einen «Schianti» ohne Hilfe eines Simultanübersetzers zu bestellen. Über die Schweiz weiß er bestens Bescheid, bevor er sie überhaupt betreten hat (Quelle: *Der Spiegel*): hinterwäldlerisch, spießig, bis unter die Decke mit Despotengeldern zugepflastert, abends um zehn werden «die Bürgersteige hochgeklappt». Schlimmer sind nur die USA (Bush, Kriegstreiberei, Imperialismus, religiöse Fundis, Rassenhass).

Einmal in der Schweiz angekommen, sucht der Dünkel-Deutsche vorzugsweise den Umgang mit Schweizern, die ihr Land ebenfalls scheiße finden und lieber selbst Dünkel-Deutsche wären. Die helvetischen Aspiranten begegnen dem Original-Dünkel-Deutschen häufig mit untertäniger Bewunderung, weswegen er selbst den größten Schwachsinn ungestraft verbreiten darf. Eine besonders eindrucksvolle Vertreterin dieses Typs, die Theaterdramaturgin Stefanie Carp, wirkte vor ein paar Jahren am Schauspielhaus Zürich. In einem Interview bezeichnete sie die Schweiz als «latent faschistoid». Man beachte den hohen Grad an Differenziertheit der Aussage: latent, nicht akut faschistoid. Die Frau scheint sich in diesen Dingen auszukennen.

Obige Ausführungen hätte ich eigentlich gerne mit einem Zitat meines Freundes Tom abgerundet. Denn Tom ist ein sensibler Patriot, der nur eines mehr hasst als ausländische Kritik an der

Schweiz: deutsche Kritik an der Schweiz. Aber ich kenne Tom mittlerweile gut und möchte seine Gesundheit nicht unnötig gefährden. Beim Namen Carp beginnt sein Gesicht jeweils eigenartig zu zucken, als bekomme er gleich einen epileptischen Anfall.

Dass auch weniger ätzende Geister eine Menge Dünkel über unser Land auszuschütten imstande sind, bewies im Jahre 1990 der *Zeit*-Verleger Gerd Bucerius selig, als er in einem Beitrag die Schweiz (gemeinsam mit den Fürstentümern Monaco und Liechtenstein) als «Staatssplitter» bezeichnete. Statt mich posthum selbst über so viel Ignoranz und Hochmut zu ärgern oder meinen historisch bewanderten Freund Tom in dieser leidigen Angelegenheit zu behelligen, hier ein Auszug aus der Replik des Schweizer Schriftstellers und Journalisten Niklaus Meienberg. Sowohl die Replik als auch der ursprüngliche Beitrag von Bucerius entstanden unmittelbar nach der deutschen Wiedervereinigung:

«Als simple Schweizer und also Bewohner eines Territoriums, das seit Jahrhunderten keine Aufblähung mehr erfahren hat, ist man ja wohl nicht befugt, den Bundes-Republikanern ihre Freude über die wunderbare Landvermehrung zu missgönnen. Wir unsrerseits sind schon lange nicht mehr vom Mantel bzw. Wams der Geschichte gestreift worden. (...) Nicht goutieren hingegen können wir die ungemein hurtige Aufblähung des Nationalgefühls in gewissen westdeutschen Zeitschriften, das Besteigen eines allzu hohen Rosses und, von dort herunter gesehen, die vorzeitige Minimierung unserer Existenz. (...) Ein bisschen Überschwang ist ja schon recht, aber muss denn die Bestaunung der eigenen Grösse – schon jetzt! – umschlagen in eine Verachtung der Kleinheit? Damit könnte man doch noch warten, bis Elsass-Lothringen auch beigetreten ist oder bis Österreich wieder angeschlossen ist oder bis Lettland, Estland, Litauen, Annaberg und das Sudentenland heimgefunden haben, von Sansibar und dem Bismarck-Archipel ganz zu schweigen. (...) Und nur wenn der deutsche Wüstenfuchs, anstelle eines Amerikaners, den Oberbefehl im Golfkrieg übernimmt, werden wir, der Übermacht weichend, jene Beleidigung kommentarlos schlucken, welche die deutschen Stammesbrüder uns kürzlich servierten. Aber vorläufig haben wir noch unsern Stolz, oder Stölzchen, begreifen uns noch als Staat, nicht als Staats-Fragment, und wenn eine deutsche Zeitschrift die Schweiz, wörtlich so, als Staatssplitter bezeichnet, im Oktober 1990, dann sagen wir energisch: Halt! Oder auf Französisch: Halte-là! (gleichberechtigte Landessprache). Oder in unserm dritten Idiom rufen wir: *Fanculo!* [+]»

Die Schwer-in-Ordnung-Deutschen

Erwischt man uns in einem schwachen Moment, können wir durchaus zugeben, dass es solche und solche Deutsche gibt. (Erwischt man uns in einem ganz schwachen Moment, können wir sogar zugeben, dass es solche und solche Schweizer gibt.) Davon hätte hier eigentlich die Rede sein sollen: von jenen Deutschen, die so schwer in Ordnung sind, dass wir sie am liebsten nie mehr ausreisen lassen möchten. Von Andreas, Marvin, Claudia, Silvester und wie sie alle heißen. Aber heute war der Tag, an dem ich mich über Mittag mit Birgit und Jenny getroffen habe. Leser mit Elefantengedächtnis erinnern sich an die Namen; die anderen: macht nix. Die beiden haben mir jedenfalls sehr zugesetzt. Ich habe keine Kraft mehr für positive Gedanken. Vielleicht ein andermal.

[+] Italienisch für: Leck mich.

 Sprache

Wie sagt man furzen auf Hochdeutsch?

Ich rede langsam. Mein Akzent stört mich nicht. Ich bin in guter Gesellschaft. **Friedrich Dürrenmatt**

Wenn man auch in Deutschland Schweizerdeutsch spräche und schriebe, wodurch erstens alle von dorther Eingewanderten unseres angestammten Idioms mächtig wären, während wir uns zweitens bei unseren gelegentlichen Exkursionen nach dorthin nicht ständig zur Kicher-Attraktion machen würden, dann, ja dann würde ich mich wohl gegenwärtig über die Franzosen echauffieren, anstatt an diesem Büchlein zu schreiben. Oder für den Leser mit etwas längerer Leitung: Die schweizerisch-deutschen Verhältnisse, insbesondere die latente Allergie des Schweizers gegen zu viel Deutschland, sind ohne eine Erörterung unserer delikaten Sprachsituation nicht zu verstehen.

Damit wir das unverkrampft tun können, sei gleich zu Beginn dieses Missverständnis geklärt: Wenn an der Fußballeuropameisterschaft 2008 in der Schweiz[+] Abertausende einheimischer Fans

+ Einzelne Partien des Turniers finden in Österreich statt.

beschwingt «*Schwiizer Natzi olé, olé!*» singen, dann ist das keine unschickliche Reminiszenz an deutsches Brauchtum, keine eigenwillige Geste der Verbrüderung in Richtung Norden, sondern lediglich eine zufällige klangliche Fast-Übereinstimmung, ein phonetischer Streifschuss. Der Ausdruck «Nati» – sprich eben nicht Na-zi, sondern Natz-i mit kurzem a wie in Schatzi – ist schlicht die Koseform dessen, was der deutsche Schlachtenbummler so ungemein poetisch seine «Elf» nennt. Oder für den Leser mit ganz langer Leitung: die Nati ist unsere NATIonalmannschaft.

Solche kleinen Miss- und Unverständnisse gibt es am Anfang viele, wenn der Deutsche, dessen Muttersprache wie oben angedeutet bedauerlicherweise nicht mit der unsrigen identisch ist, hier einwandert. Neulich an einem Sonntag, so berichtet mir eine Bekannte, habe ein junger Mensch mit großem Rucksack vor einem Haus an der Josefstraße in Zürich gestanden[++] und ziemlich verloren nach oben gesehen. Weil meine Bekannte, wie eigentlich alle Schweizer, nett hilfsbereit, herzlich, zuvorkommend und kommunikativ ist, hat sie den Rucksack-Menschen gefragt, ob sie ihm irgendwie weiterhelfen könne. Auf Hochdeutsch antwortete dieser: «Können Sie mir sagen, was ein Milchkasten ist?» Offenbar hatten seine Schweizer Freunde den Wohnungsschlüssel im Milchkasten hinterlegt. Will heißen: im Zeitungsfach. Na ja, darauf hätte man auch von allein kommen können. Aber wahrscheinlich hat der Rucksack-Mensch nach einem mit Jo-

---

[++] **Eigentlich heißt es bei uns korrekt: Er *ist* gestanden, nicht er *hat* gestanden. Aber da wir die Dinge nicht unnötig komplizieren wollen, sei hier ausnahmsweise auf diesen Teutonismus zurückgegriffen.**

ghurtgläsern und Käselaiben gefüllten Lagerschuppen Ausschau gehalten. Oder gleich nach einem Kuhstall (siehe dazu auch das Kapitel Tierwelt).

Selbstredend hat die deutsche Community, die sich hier niedergelassen hat oder dies nächstens zu tun gedenkt, ihre eigenen Internetforen. Zum Beispiel *www.hallo-schweiz.de*. Dort lässt sich dann nachlesen, was der Einwanderer an unserem Idiom spaßig, welche Wörter er besonders lustig findet. Favorit sind die Finken, welche in der Schweiz nicht nur eine Vogelart, sondern auch Hausschuhe und manchmal sogar Autoreifen bezeichnen. So was lässt das deutsche Humorherz höher schlagen. Heinz, wie er singt und lacht. Auch immer für einen Lacher gut sind die ulkigen Ortsnamen hierzulande, Oerlikon beispielsweise oder Muhen. Vielleicht sollte ich an dieser Stelle erwähnen, dass derlei Pointen auch in die umgekehrte Richtung funktionieren. So habe ich im Zuge meiner Recherchen für dieses Büchlein herausgefunden, dass jenes Behältnis, welches bei uns Necessaire heißt, in Deutschland auf den Namen Kulturbeutel hört. Kulturbeutel! Mal ehrlich: Es fällt uns schwer, jemanden, der diesen grotesken Ausdruck verwendet, ernst zu nehmen. Selbst wenn es sich bei diesem Jemand um ein schwer bewaffnetes Mitglied der GSG9 handelt, das nach einem Anthrax-Alarm am Frankfurter Flughafen auf uns einschreit: «Hände hoch, keine Bewegung, und jetzt zeigen Sie mal Ihren Kulturbeutel her!» Und was Ortsnamen betrifft: Während einer meiner spärlichen Deutschlandreisen bin ich auf der Fahrt nach Hamburg an einem Wegweiser vorbeigefahren, wo Buntekuh draufstand. Noch Fragen?

«Sie sollten schnell lernen, dass manche Begriffe, die Sie kennen, hier etwas anderes bedeuten», warnt eine aus Bremen in die

Schweiz gezogene Schriftstellerin in einem Aufsatz ihre Landsleute. Das hat sie sehr richtig erkannt, die Schriftstellerin. Schon erstaunlich, was einem in der Fremde alles widerfahren kann. Nicht einmal die Wörter bedeuten das Gleiche wie daheim. Eine Erfahrung allerdings, die ein Mensch hochdeutscher Zunge nicht nur in der Schweiz machen kann, sondern auch im restlichen Ausland. Wenn einem beispielsweise ein wütender Engländer etwas entgegenzischt, dass sich anhört wie «*you Kant*», dann ist die Chance, dass man soeben mit dem großen Philosophen verglichen wurde, verschwindend klein.[+]

Die Schriftstellerin hält noch weitere Meinungen und Mahnungen parat. Ich werde in Kürze darauf eingehen, beziehungsweise damit fortfahren, über die Frau herzuziehen. Dies, obwohl ich sie gar nicht kenne und sie mir folgerichtig nie etwas zuleide getan haben kann, nicht einmal in Form einer Lesung oder eines signierten Buches. Bevor ich das tue, werde ich mich zwingen, die menschliche Größe an den Tag zu legen, die tiefer liegenden Gründe für dieses unfeine Verhalten zu offenbaren: Die Sprache ist des (Deutsch-)Schweizers empfindlichste Stelle. Der Unterleib seiner Psyche. Die Achillesferse seines Selbstbewusstseins. Aber auch: der Augapfel seiner Identität.

«Eine Nation des gemeinsamen Blutes ist das nicht», hat ein hiesiger Publizist einst zu Recht von den Schweizern gesagt, wenngleich geschichtssensiblen Lesern der ungenierte Gebrauch des Wörtchens Blut nicht ganz geheuer sein mag. Auch sonst lässt sich in vielerlei Hinsicht über uns sagen: Eine Nati-

---

+ **Die schweizerischen Sitten und Gebräuche verbieten es mir, das unflätige englische Schimpfwort *cunt* übersetzt wiederzugeben.**

on des Gemeinsamen ist das nicht. Der Ostschweizer hat Mühe, des Wallisers Dialekt zu verstehen; die Steuern sind in der Gemeinde Wollerau unendlich viel tiefer als in der Stadt Lausanne; die Schulsysteme der Kantone Genf und Appenzell Innerhoden haben nicht nur der unterschiedlichen Sprache wegen wenig miteinander gemein; die Berner mögen die Zürcher nicht (okay: niemand hier mag die Zürcher, weswegen wir uns umso mehr selbst mögen müssen); bei der Schlägerei von Pratteln im Jahre 1821 mit nicht weniger als vierundfünfzig Toten[+] ging es um einen Konflikt zwischen den Bevölkerungen der Halbkantone Basel Stadt und Basel Land; und was einen geschniegelten Anwalt aus der italienischsprachigen Palmenstadt Lugano mit einem bärbeißigen, auf Französisch schweigenden Bauern von der jurassischen Hochebene verbindet und die beiden wiederum mit einem der vielen aufgedonnerten Zürcher Partykinder, deren Eltern oder Großeltern einst aus Kroatien, Bosnien, Serbien-Montenegro, Albanien, Portugal, Italien, Spanien, Sri Lanka, der Türkei, der Dominikanischen Republik und so weiter eingewandert sind (Ausländeranteil Zürich: 30,6 Prozent; Berlin: 13,9 Prozent) – allzu viel ist das wirklich nicht.

Aber Schweizerdeutsch, das ist etwas, das es nur hierzulande und nirgends sonst auf der Welt gibt. Und es ist – im Gegensatz zu Hessisch, Pfälzisch etc. – mehr als bloß ein Dialekt. Es ist kein Medium folkloristischer Gemütlichkeit, das von den einen stärker und von den anderen zurückhaltender bis gar nie verwendet wird. Nein, Schweizerdeutsch (oder genauer: die zahlreichen unter diesem Sammelbegriff zusammengefassten Dialekte) ist

[+] **Das sind bloß dreißig weniger als der Zweite Weltkrieg hierzulande forderte.**

für die Mehrheit im Land die gesprochene Muttersprache⁺ – für den Medizinnobelpreisträger ebenso wie für den Stallknecht. Schweizerdeutsch ist Heimat. Und zwar so sehr, dass eine Neurochirurgin aus Baden-Württemberg, die in einem Krankenhaus in Bern arbeitet, beobachtet hat: Wenn ein Patient aus dem Koma erwacht und sie ihn bittet, die Augen aufzumachen, kann es vorkommen, dass der Patient nicht reagiert oder die Augen zulässt und fragt: «Wieso bin ich in Deutschland?» Wenn dann die Schweizer Chefärztin das Zimmer betritt und den Patienten auf Berndeutsch anspricht, dann gehen die Augen sofort auf.

Mundart ist hierzulande sogar offiziell: So heißt es in den «Bestimmungen für die Aufnahme in das Bürgerrecht der Stadt Zürich», ein Einbürgerungskandidat müsse «Schweizerdeutsch verstehen und eine deutsch-schweizerische Mundart in angemessener Weise sprechen». So etwas hat identitätsbildende Wirkung – sogar auf jene Einwohner, die italienisch oder französisch sprechen. Und sei es nur, weil sich diese darüber ärgern, dass sie, die sie sich doch Kultursprachen ersten Ranges bedienen (Dante!, Victor Hugo!), mit dieser Bauerndeutsch-Mehrheit verbandelt sind, während die Bauerndeutsch-Mehrheit, die eigentlich aus lauter Mal-Bündner-mal-Berner-mal-Basler-Bauerndeutsch-Minderheiten besteht, über alle Dialekte und Gräben hinweg einmütig singt: *Schwiizer Natzi, olé, olé!*

Daraus folgt: Wer Schweizerdeutsch lächerlich findet, der findet die Schweiz lächerlich. Wer Schweizerdeutsch hässlich findet, der findet die Schweiz hässlich. Und wer, so wie die oben erwähnte Schriftstellerin aus Bremen, in einem säuerlichen, ei-

----

+ **Schreiben tun wir trotz allem auf Hochdeutsch.**

nen Hauch Verachtung verströmenden Ton den Landsleuten rät, «lernen Sie möglichst schnell, die verschiedenen Dialektsprachen zu verstehen, Sie werden es brauchen» und pikiert festhält «Wie auch immer Ihr Ton ist, man wird ihn als deutsch wahrnehmen, also als fremd», um schließlich die «in diesem Land verbreitete Unlust», Hochdeutsch zu sprechen, zu rügen, der mag der Schweiz nicht zugestehen, dass sie ein eigenständiges Land mit einer eigenen Identität, einer eigenen Geschichte, einem eigenen Dickschädel und einer eigenen wie sonderbar auch immer gearteten Sprache ist und bleiben will.

So viel zur Mundart als Augapfel. Gehen wir zu dem für uns ungemütlicheren Teil über, zur Achillesferse. Weil der Mensch bekanntermaßen ein zweibeiniges Wesen ist, verfügt er auch über zwei Achillesfersen: In unserem Fall wäre das zum einen ausgerechnet der soeben gepriesene Augapfel; zum anderen unser Hochdeutsch, hierzulande zumeist Schriftdeutsch genannt, eben *weil* es vorwiegend geschrieben und nur in offiziösen sowie in Notfällen gesprochen wird. Das Gediegene, Gehobene, Wichtige, Ernsthafte, das dem Hochdeutschen bei uns anhaftet, war wohl auch der Grund, der in einer Zürcher Imbissbude zu folgendem, von mir mitgehörten Dialog führte (streng genommen war's ein Trialog), hier von der Mundart ins Schriftdeutsche transkribiert:

Teenager, männlich, sagt zu seinem *Kolleg*, wie man hier Freunde unsentimental und auch ohne übertriebene Dativtümelei zu nennen pflegt: «Merke grad, dass ich auf deiner Jacke hocke, sorry.»

Kolleg: «Easy. Solang du nicht drauffurzt.»

Kollegin der beiden – vermutlich aus dem Balkan, Deutsch-

34

kenntnisse gut, Mundart weniger – zu Kolleg II: «Wos hast du gesagt? Hob es nicht verstanden.»

Kolleg II zu Kolleg I: «Wie sagt man furzen auf Hochdeutsch?»

Mehr zum *Knorz* des Schweizers mit dem Hochdeutschen erfahren Sie gleich nach der Werbung. Vorerst zurück zu unserer Mundart. Oscar Wilde soll angeblich gesagt haben: «Sie benutzen eine unaussprechliche Sprache, die dem Knirschen von Ziegelsteinen gleicht. Falls ein Schweizer in Versuchung kommt zu sprechen, wird ihn niemand verstehen – außer vielleicht ein Geologe.» Luther nannte die Sprache des Zürcher Reformators Zwingli, mit dem er sich allerdings auch in theologischen Fragen stritt, ein «filziges, zotteliges Deutsch». In einem Roman des in Hamburg geborenen Schriftstellers Wolfgang Hildesheimer, der viele Jahrzehnte im Kanton Graubünden lebte, heißt es über einen fiktiven Dichter: «Er ist in einunddreißig Kultursprachen, neun andere Sprachen und ins Schweizerdeutsch übersetzt.» Entschieden weniger subtil formulierte den gleichen Befund einer aus unseren eigenen Reihen: Der aus dem Kanton Glarus stammende Schriftsteller Ludwig Hohl bezeichnete unser Idiom als «Mittelding zwischen menschlicher Sprache und der Ausdrucksform des Tieres; eine kuhmistartige Dialektsprache».

Bei allem Respekt, Herr Hohl, ich muss Sie bitten, nicht einen *söttigen Haferchäs zu verzapfen*! Natürlich hatte auch mein Freund Tom keine Freude, als ich ihm das Hohlsche Verdikt bei einem wunderbaren Nachtessen im Ristorante Cinque[+], unweit jener Imbissbude, wo sich der Furz-Trialog zutrug, vortrug. Tom fauch-

---

[+] «Ristorante Cinque» ist nicht Schweizerdeutsch, sondern wiederum Italienisch und heißt: Gasthaus Fünf.

te: «Das ist das Ressentiment eines Gescheiterten. Der Hohl, der hasste seine Heimat – und sich, weil er nie von ihr losgekommen war.»

Ich versuche an dieser Stelle einmal mehr, deeskalierend in Erscheinung zu treten, und räume hiermit ein, dass die meisten von uns einsehen: Eine wohltemperierte norddeutsche Stimme, die Vokale so klar artikuliert, als seien sie glitzernde Eiszapfen an einem strahlenden Wintermorgen, das hat was. Ebenso können wir damit leben, wenn einer findet, eine Ansprache auf *Lozärner* Mundart könne vom Klanglichen her nicht mit einem Gedicht von Federico García Lorca mithalten. Was uns aber niemand nehmen kann: Verglichen mit Schwäbisch sind wir Pavarotti.

Leider, leider nur verglichen mit Schwäbisch.

Selbsthass ist ein großes, ein pathetisches, ein feuilletondeutsches Wort. Wenn wir jedoch versuchsweise den Diminutiv bilden, zum Beispiel: Selbsthässchen, dann könnte man eingestehen, dass wir Deutschschweizer im Bezug auf unsere Mundart nicht ganz frei davon sind. Es gibt zwar Berner, die ihr Berndeutsch ungemein schön und *gmögig* (gemütlich) finden, und es gibt Zürcher, die ihren eigenen, härteren Dialekt (aber wirklich nur den) im Weltvergleich für halbwegs erträglich halten. Dies alles aber nur solange, wie wir unter uns sind. Sobald ein *fremder Fötzel*, ein Auswärtiger, zugegen ist, dann flüchten wir uns, wann immer möglich, in dessen Sprache. Erstens, weil er uns vermutlich ohnehin nicht versteht, und zweitens, weil wir uns der eigenen ein klein wenig schämen.

Das liegt vor allem am Sound unserer Mundart, der sich seit rund siebenhundert Jahren nicht allzu grandios weiterentwickelt hat und der natürlich auch dem Ausland ins Ohr sticht. Dietrich Schwanitz, der im Jahr 2004 verstorbene deutsche Schriftsteller, Literaturprofessor und Universalgelehrte, verbrachte seine Kindheit bis zum elften Lebensjahr bei strenggläubigen Schweizer Bergbauern. Schwanitz kam zum Schluss: «Die Mundart hat für den Reichsdeutschen etwas Rührend-Kindliches. Er beugt sich über sie wie über einen Kinderwagen und macht ‹Du, du!› und sagt dann: ‹Ist sie nicht herzig?› Es ist vor allem die Intonation, die ihn entzückt. Sie macht ihn zum großen Bruder dieses sprachlichen Babys. Und in komplementärer Weise dazu macht sie die Schweiz zu einem Kinderhort, in dem alles – das Puppenstubenhafte, die Übersichtlichkeit, die lange Friedenszeit, das heißt, die Niedlichkeit von allem – im Reichsdeutschen das Bild der Erfahrungslosigkeit verstärkt, das er sowieso mit der Schweiz verbindet. Umgekehrt erlebt der Schweizer diese Haltung der Deutschen als Herablassung. Für ihn enthält sie die Botschaft: ‹Bei den Erwachsenen dürft ihr nicht mitreden. Euer Forum ist der Kindergeburtstag. Da machen wir die lustigen Spiele wie Alphorn-Blasen, Schwingen, Fahnenwerfen etc›»

Sag ich's doch.

Aber es ist nicht nur unsere akustische Verhaltensauffälligkeit, die uns bisweilen ein wenig dünnhäutig macht. Auch unsere beschränkten Mittel, über Vergangenes zu reden, oder die doch eher geringe Auswahl an Fallformen, die uns zur Verfügung stehen (zwei), sind kein Quell von überbordendem Sprachchauvinismus. «Ich habe einen Jägermeister® getrunken», «Ich trank einen Jägermeister®», und «Ich hatte einen Jägermeister® getrunken» heißt bei uns immer nur: Ich habe einen Jägermeister® getrunken. Aus «Der Vater des Bäckers ertappte den Bäckergehilfen» wird bei uns: «Der Vater vom Bäcker hat der Bäckergehilfe ertappt.»

Nachdem ich mir all dessen gewahr geworden war, rief ich

einen Schweizer Linguisten an, oder vielmehr *einem* Schweizer Linguisten, wie wir – manchmal eben doch Freunde des Dativs – zu sagen pflegen, und fragte ihn, ob man so weit gehen müsse, unsere Sprache als primitiv zu bezeichnen. Der Linguist rang mit sich – man hörte ihn durchs Telefon schnaufen –, beschloss dann aber, dagegenzuhalten: Erstens erfülle Schweizerdeutsch alle unsere kommunikativen Bedürfnisse, man könne sich in dieser Sprache problemlos über Nanotechnologie unterhalten. Zweitens sei das System der Verbformen auch in anderen Sprachen einfacher als etwa im Hochdeutschen oder im Lateinischen. Drittens und vor allem sei Schweizerdeutsch keine geschriebene, sondern praktisch ausschließlich eine gesprochene Sprache. Damit lasse sich, dies Punkt 3a, die Nichtexistenz einer komplexen Grammatik zumindest teilweise erklären – nicht zuletzt ein differenziertes System der Zeitenfolge spiele vorab im Schriftlichen und weniger im Mündlichen eine Rolle, man denke an das französische Passé simple. Aus demselben Grund, dies Punkt 3b, habe ein Vergleich unserer Mundart nicht mit der standardisierten Hochsprache zu erfolgen, sondern mit den diversen regionalen Variationen der deutschen Umgangssprache, in denen es weiß Gott auch nicht immer behände und grammatikalisch lupenrein zu- und hergehe.

Viertens und letztens, schloss der Linguist, gelte es, verschiedene Aspekte einer Sprache zu berücksichtigen: Die Lautentwicklung – im vorliegenden Fall jene vom Mittelhochdeutschen zum Neuhochdeutschen, die unsere Mundart zugegebenermaßen nicht mitgemacht habe – sei nur ein Kriterium. Ein weiteres sei zum Beispiel der Wortschatz. Und dieser, so erfuhr ich, scheint bei uns tipptopp zu sein, insbesondere was Gefühlsäußerungen und das alltägliche Leben betrifft: Was man im Hochdeutschen mit hart arbeiten, langsam arbeiten, gegen Lohn arbeiten und unsachgemäß arbeiten umschreiben muss, dafür stehen uns tonnenweise Wörter zur Verfügung, beispielsweise *chrampfe, schäffele, büeze, bügle, chüngele, gvätterle*. – Da staunt der Duden.

Die aufbauenden Worte des Linguisten haben mir gutgetan, weshalb ich mir gestärkten Selbstbewusstseins zu ergänzen erlaube: Sogar renommierte Schweizer Literaten stoßen aufgrund der partiellen Wortschatzarmut des Hochdeutschen manchmal an ihre Grenzen. In dem Roman *Noah* des Schriftstellers Hugo Loetscher kommt der Moment, als Noah alle Tiere, die er auf der Arche retten will, beisammen hat. «Ein lärmiger und übel riechender Haufen», sagt Hugo Loetscher. «Nun gibt es in der Mundart Ausdrücke wie ‹es hündelet›, ‹es chätzelet› oder ‹es seichelet›, recht anschaulich-riechbare Worte. Dafür gibt es im Hochdeutschen nichts Entsprechendes.» Er habe sich daher gezwungen gesehen, die Sache zu umschreiben: «Es riecht nach Hund», «es riecht nach Katz» steche aber nicht mehr gleichwertig in die Nase. Loetscher hat dann am Lektor vorbei zusätzlich «es böckelt» und «es seichelt»[+] in den Text geschmuggelt.

Und so vermag es nicht länger zu erstaunen, dass sich das Hochdeutsche, dergestalt seiner Unzulänglichkeiten überführt, als dringend auf unsere Mundart angewiesen erweist. So ist der «Hick» ein schweizerischer Ausdruck für etwas, das entsteht, wenn man beispielsweise unsorgfältig hobelt. Nun gibt es im

---

+ Wenn etwas «seichelet», dann riecht es nach Urin. Das Verb *seichen* bedeutet Wasser lassen und ist vom Derbheitsgrad her zwischen Pipi machen und pissen angesiedelt. In der Schweiz ebenfalls gebräuchlich sind *schiffen* und *brünzeln*.

Hochdeutschen das Wort Kerbe. Allein, Kerben werden bewusst gesetzt, während Hicks auf ein Malheur zurückgehen, weshalb dieser Ausdruck hochverdientermaßen Eingang ins bundesdeutsche Wörterbuchwesen gefunden hat. Weitere Begriffe, die ihren Ursprung auf dem Territorium der Eidgenossenschaft haben, also sozusagen über einen Schweizer Pass verfügen, sind: Heimweh, Unbill, Abbild, Machenschaften sowie, man staune: staunen.

An dieser Stelle der Hinweis auf den Pädagogen Ignaz Scherr, der anno 1845 in seiner Schrift *Der schweizerische Volksredner* ebendiesem folgenden Ratschlag gab:

> *Ein Schweizer nun, der vor seinem Volke, in so fern er schriftdeutsch redet, etwa ßtab, ßtein, Peßt anstatt des Mundartischen Schtab, Schtein, Pescht ausspräche, der würde bei den meisten Zuhörern Widerwillen erregen; seine Rede verfehlte des Eindruckes, und er würde, wo nicht als ein dummer, doch als ein eitler Mensch verspottet und ausgelacht, und dieß auch nach unserer Meinung nicht ganz mit Unrecht.*

Dazu dreierlei: Erstens bitte ich den deutschen Leser, insbesondere den deutschen Leser, der seinen Lese-Sessel in der Schweiz aufgestellt hat, zu beachten, dass bereits im 19. Jahrhundert ein Eidgenosse, der allzu deutsch Deutsch redete, damit rechnen musste, von seinen Landsleuten «als ein eitler Mensch verspottet und ausgelacht» zu werden. Zweitens erlaube ich mir den deutschen Leser darauf hinzuweisen, dass, wenn wir Hochdeutsch reden, wir schon längst nicht mehr «Pescht» sagen oder «Mischt» (oder zumindest bemüht sind, dies nicht zu tun), woraus ersichtlich wird, dass wir im Lauf der Zeit an unserer Sprachkompetenz gefeilt haben. Drittens wäre dank Herrn Ignaz Scherr der ziemlich bruchlose Übergang zum Hochdeutschen geschafft, dem zweiten Standbein unserer nationalen Achillesferse.

Friedrich Dürrenmatts kapiteleingangs präsentierter Kommentar zu dieser Thematik lautet in der vollständigen Version so:

Wenn ich Deutsch rede, rede ich es mit einem berndeutschen Akzent, so wie ein Wiener Deutsch mit einem wienerischen Akzent spricht oder ein Münchner mit einem bayrischen Akzent. Ich rede langsam. Ich bin auf dem Land aufgewachsen, und die Bauern reden auch langsam. Mein Akzent stört mich nicht. Ich bin in guter Gesellschaft.

Das hat er sehr schön gesagt, der Dürrenmatt. Allerdings muss fairerweise darauf hingewiesen werden, dass der Mann ein weltberühmter Schriftsteller war. Als solcher wird er in Bezug auf seine Sprache über ein sehr stabiles Selbstbewusstsein verfügt haben. Damit dürfte er zu einer Gattung gehören, die hierzulande etwa so verbreitet ist wie anderswo Pandabären oder Blauwale. Für alle anderen gilt wohl eher, was eine Bekannte von mir so formulierte: «In der Gegenwart von Deutschen fühlen wir uns auf einmal im eigenen Land als Ausländer. Mit unserem tapsigen, manchmal unfreiwillig komischen Hochdeutsch stehen wir plötzlich den hier lebenden Tamilen und Albanern viel näher, als uns lieb ist.» Und so erinnerte sich Professor Schwanitz an die Momente, da sein strenggläubiger Schweizer Bergbauernpflegevater aus der Bibel vorlas: «Er hatte Mühe mit dem Hochdeutschen. Er pflügte durch den Text wie durch einen Acker.»

Selbst Roman, unser landesweit bekannter Fernseh- und Radiomoderator, dem, wie jeder Schweizer weiß, vieles nachgesagt werden kann, nur nicht ein verklemmtes Mundwerk, gestand, als ich ihn auf seine sechs Weltmeisterschafswochen beim deutschen Sender Premiere ansprach: «Meine Darbietung war wohl okay, aber nicht berauschend. Das lag daran, dass ich auf Hochdeutsch zwei meiner Stärken, die Frechheit und die Schlagfertigkeit, nicht richtig ausspielen konnte. Einmal gab's heftigen Streit auf der Redaktion. Ich bin mir vorgekommen wie ein kleines Kind: Ich musste ständig nach Worten suchen und war immer eine halbe Sekunde zu spät. Da dachte doch jeder im Raum: Du meine Güte, was ist denn das für einer!»

Exkurs. Johannes B. Kerner, Reinhold Beckmann, Jörg Pilawa, Waldemar Hartmann. Können Sie, geschätzter Leser, sich vorstellen, dass einer dieser sympathischen Herren öffentlich Dinge über sich sagt wie: «Ich war nicht berauschend» oder «Da dachte doch jeder, du meine Güte, was ist denn das für einer»? Wenn Sie die Frage mit Ja beantworten, dann wohl nur darum, weil Sie bei Umfragen aus Prinzip nie die Wahrheit sagen. Diese lautet nämlich: Ein großer, ein sehr großer Unterschied zwischen unseren Völkern ist des Schweizers naturgegebene, in Ausnahmefällen auch mal strategisch eingesetzte Bescheidenheit gegenüber des Deutschen Hang, selbst jenseits der Grenzen des Plausiblen nur das Beste von sich zu behaupten. Dies ist auch der Grund, warum an unseren Krankenhäusern die deutschen Assistenzärzte nicht nur GUMMIHÄLSE genannt werden, sondern manchmal auch «Kannichs». Fragt der Schweizer Chefarzt den deutschen Studienabgänger an dessen erstem Arbeitstag: «Schon mal bei einer Hirntransplantation dabei gewesen?» Antwortet der Studienabgänger: «Klar, kannich.»

Weiter im Text: Wenn wir mit einem in Deutschland lebenden Deutschen Hochdeutsch reden, fühlt sich das für uns etwa so an wie ein Hundertmeterlauf mit Beinprothese gegen lauter Gesunde. Wenn wir uns aber mit einem in der Schweiz lebenden

Deutschen unterhalten, dann hat der irgendwann zwischen der dritten Woche und dem fünften Jahr seines Aufenthalts gelernt, uns zu verstehen, weshalb wir ungeniert bei unserer Mundart bleiben dürfen. Jedenfalls genauso ungeniert, wie man in Gummistiefeln und Latzhosen jemandem im Smoking gegenübersitzt.

Die Lage ist vertrackt, um nicht zu sagen hoffnungslos. Kommt hinzu, dass man es den Deutschen, die hierherziehen, einfach nicht recht machen kann. Anfänglich amüsiert bis schockiert, weil das, was wir von uns geben, nicht schwer, sondern zur Gänze unverständlich ist, bedeutet uns der Zugezogene – mal weinerlich, mal eingeschnappt, mal forsch –, man möge doch ein wenig Rücksicht auf seine Lage nehmen und ihm zuliebe vom allzu massiven Gebrauch der Mundart absehen. Wehe aber, der Zugezogne hat endlich kapiert, wie das mit dem Schweizerdeutschen so läuft und tönt, wir aber trotzdem weiterhin hochdeutsch auf ihn Rücksicht nehmen, anstatt uns in seiner Gegenwart ungeniert unseres Eingeborenen-Idioms zu bedienen. Dann schreibt er sofort einen Leserbrief an sämtliche Zeitungsredaktionen: Man ist nicht richtig willkommen in diesem Land! Man kommt nur schwer an die Leute ran! Schweizerdeutsch redense nur unter sich! Nie mit uns! Warum!

Suboptimal ist ferner, dass der Zugezogene, hat er es endlich einmal geschafft, mit einem dieser schaurig verschlossenen Eingeborenen ins Gespräch zu treten, über nichts lieber quatscht als über all die sauglatten *Ausdrückli*, die er hier bei uns zu hören bekommt. Und natürlich darüber, dass er stets geglaubt hatte, was Kurt Felix von sich gebe oder Emil oder Altbotschafter Thomas Borer oder sonst ein in der Bundesrepublik zugegener eidgenössischer Spaßvogel, das sei jetzt Schweizerdeutsch. Dabei – grins, kicher, har-har – stellte sich heraus, dass es deren Hochdeutsch war!

Womit der Moment für einen dringenden Aufruf gekommen wäre: Achtung, Achtung, an alle eingewanderten Journalisten, Blogger und sonstigen, sich zur Veröffentlichung ihrer Schweiz-Erfahrungen berufen fühlenden Deutschen: Die Pointe «Wir dachten zuerst, euer Hochdeutsch, das sei bereits Schweizerdeutsch» ist mittlerweile einhundertundachtzig Jahre alt. Seit ihrer Uraufführung wurde sie von jedem einzelnen Zugezogenen aufs Neue entdeckt und zum Besten gegeben. Ganz nach dem Motto: ein Volk, eine Pointe. Bitte, bitte, damit aufhören. Sonst machen wir's künftig wie die Engländer und strahlen im Fernsehen allabendlich mindestens einen Sketch aus, in dem die Worte «Blitzkrieg» und «Gestapo» vorkommen.

In diesem Kapitel war bisher, soweit ich das überblicke, vorwiegend von Gesprochenem die Rede. Anhand folgender Friedrich-Dürrenmatt-Anekdote wollen wir allmählich zum Themenkomplex Schriftdeutsch übergehen: Bei den Proben zu «Romulus dem Großen» verlangt der Hauptdarsteller nach der Dürrenmattschen Textvorlage «das Morgenessen». Der Schauspieler, ein Deutscher, macht den Autor darauf aufmerksam, der korrekte Ausdruck laute nicht «Morgenessen», sondern «Frühstück». Dürrenmatt wird wütend, schreibt die Szene um. Nach wie vor verlangt Romulus das Morgenessen, der Zeremonienmeister korrigiert: «Exzellenz, das heißt Frühstück.» Worauf Romulus antwortet: «Was klassisches Latein ist in diesem Haus, bestimme ich.»

Auch beim geschriebenen Wort entpuppt sich Herr Dürrenmatt als ein vorbildlich selbstbewusster Sprach-Schweizer. Am anderen Ende der Skala bewegt sich die Journalistin X aus Z, die ihr Redaktionsbüro mit lauter Deutschen teilt. Das bringe zwar nicht nur Vorteile, auf jeden Fall aber den einen: «So lerne ich wenigstens meine eigene Sprache.» Eine Mittelposition zwischen Herrn Dürrenmatt und Frau X nimmt der schon einmal zitierte Berufskollege von der Konkurrenz ein, der viel mit Deutschen zu schaffen hat. Er glaubt, dass der dortige Durchschnittschreiber sich «weniger linkisch» ausdrücke als sein Schweizer Pendant, anerkennt, dass die Besten «wahnsinnig gut» seien, ortet aber, nicht zuletzt bei Intelligenzblättern, eine Tendenz zum «Geschwätzigen, Eitlen, Schwülstigen, Uferlosen», dem er den schlichten, lakonischen Stil, wie er von zahlreichen Schweizer Schriftstellern gepflegt werde, vorziehe. Mein Freund Tom hegt ähnliche Gedanken, die er mit der ihm eigenen Zurückhaltung artikuliert: «Dieser verdammte deutsche Leitartikel- und Feuilleton-Schwurbel – grauenhaft! Ich glaube, die Schweizer haben kraft ihrer protestantischen Leitkultur den unbedingten Willen, alles möglichst knapp zu formulieren. Als ob wir uns schämen würden, zu viel Platz zu brauchen.»

Ich finde: Es gibt schönes deutsches Wortgut, und es gibt hässliches deutsches Wortgut. Bei «Hausgemachte Sülze mit Remouladensoße» denkt unsereiner: Hoffentlich schmeckt das besser als es tönt. Das gilt im selben Maße für «Feine junge Brechbohnen», die offenbar manchmal bei «Spar» im Angebot sind, wie ich dem Blog eines in Hamburg lebenden SCHWEIZERS entnommen habe. In Berlin bin ich bei der Zeitungslektüre mal dem Begriff «Wertpapieranlegerschutzverbesserungsgesetz» begegnet. Es gab ja diesen wunderbaren Anarchokünstler Jean Tinguely, auch er ein SCHWEIZER, der absurde, dampfende, schnaubende, ächzende, Feuer speiende, sich selbst zerstörende Apparaturen ohne Nutzen baute. Vielleicht handelt es sich bei der Wortskulptur

«Wertpapieranlegerschutzverbesserungsgesetz» um ein Frühwerk Tinguelys.

Gestern bin ich – jawoll: *bin* ich mit meiner Frau vor dem Fernseher gesessen. Zuerst sahen wir Sportschau, unsere eigene natürlich. Studiogast war Nick Heidfeld, der deutsche Formel-1-Pilot. Obwohl ich mich überhaupt nicht für Formel 1 interessiere (was nicht heißt, dass mein Sporthorizont nicht breit wäre, er umfasst unter anderem: Schweizer Fußball, Bundesliga-Fußball, die englische Premier League, die italienische Serie A, Welt- und Europameisterschaften, Zürcher Regionalfußball sowie gewonnene Eishockeyspiele gegen Deutschland), obwohl ich mich also nicht für Autorennen erwärmen kann, fand ich diesen Heidfeld sehr sympathisch. Ich sagte zu meiner Frau: «Sehr sympathisch, dieser Heidfeld.» – Sie: «Stimmt. Er lebt ja auch schon seit sechs Jahren in der Schweiz.» Später haben wir noch in eine dieser zahllosen Auswanderer-Sendungen auf einem dieser zahllosen deutschen Kanäle reingezappt. Es ging um ein Ehepaar aus Bonn oder woher auch immer, das sich in Spanien niedergelassen hat, an der Costa Brava oder wo auch immer, und dort einen Frisörladen betreibt. In dem Ort gibt es zahlreiche Kneipen für die zahlreichen einheimischen Deutschen. Die eine Kneipe hatte vor dem Eingang eine Tafel aufgestellt, und dort stand eben «Hausgemachte Sülze mit Remouladensoße» drauf. Ganz so weit ist die Integration der Deutschen in der Schweiz noch nicht vorangeschritten. Bei uns steht auf den Tafeln immer noch «Röschti» oder «Chäs-Fondue». In den Skigebieten auch mal Cheese-Fondue. Aber noch nicht Kartoffelbuletten oder Käsesuppe (gerührt, nicht geschüttelt).

Das Ehepaar aus Bonn oder woher auch immer hat mit dem Frisörladen viel Erfolg. Das muss an der einheimischen deutschen Kundschaft liegen, denn Spanisch, das hat das Ehepaar nicht gelernt. «Frisör» ist für uns übrigens ein Wort von ähnlicher Anmutung wie Remouladensoße. Wenn's schon sein muss, dann wenigstens Friseur oder Remouladensauce. Besser aber: Coiffeur oder Trüffelsauce. Trotz des geschäftlichen Erfolgs will das Ehepaar den Frisörladen aufgeben und zurück nach Bonn ziehen oder wohin auch immer. Die Frau begründete das so: Immer nur Sonne und Strand, das gehe einem mit der Zeit auf die Nerven. Zudem habe man in Spanien kaum Freunde gefunden, es sei schwierig, an die Leute heranzukommen. Ob die Frau damit die Landsleute-Mehrheit oder die Spanier-Minderheit gemeint hatte, wurde nicht klar. Dafür wurde mir klar, wie man die Aussagen der *Ich-bin-von-der-Schweiz-enttäuscht-Deutschen* (vgl. Kapitel Volkskunde) von wegen Verschlossenheit der Helvetier und sibirischer Kälte gegenüber Zuwanderern einzuordnen hat: ist lediglich eine Strophe aus der deutschen Mecker-Internationale.

Ich vermute, meine schlechte Laune rührt daher, dass der Moment unausweichlich gekommen ist, zuzugeben: Den Normalschweizer plagt schon so etwas wie ein Sprachkomplex. Er hat Deutschen gegenüber ein latentes Minderwertigkeitsgefühl, das ihn hartnäckig verfolgt. Spricht er Hochdeutsch, fühlt er sich, nicht zuletzt mangels Übung, rasch einmal plump, langsam, ungelenk und ein bisschen dumm. Umgekehrt erlebt er Deutsche als schneller, schlagfertiger, eleganter, präziser im Ausdruck. Und seine Mundart, die verteidigt der Schweizer zwar wie ein Leopardenweibchen ihre Jungen, aber eben, es ist keine Hochsprache, keine Schriftsprache, keine Kultursprache, und Spott aus dem Ausland gibt's auch zur Genüge. Ein unverkrampftes Selbstbewusstsein lässt sich unter diesen Umständen nur schwer entwickeln.

Und so kommt es, dass er sich von einem Deutschen schnell einmal überfahren, an die Wand geredet, unter den Tisch gelabert, in die Ecke gequatscht fühlt. Und für nicht ganz voll genommen. Darum neigt er zu allergischen Reaktionen auf den Sound, der ihm als klangliches Mahnmal für seine vermeintliche Unterlegenheit dient: Hochdeutsch. Gleichzeitig regt sich in ihm der helvetische Selbstbehauptungstrieb, der ihn zu passivem, aber zähem Widerstand gegen zu viel Deutschland animiert. Und es weckt in ihm – der Schweizer ist auch nur ein Mensch – die Sehnsucht, den Deutschen die Sprachschmach anderweitig heimzuzahlen. Zum Beispiel in Form von Schadenfreude, wenn sie zur Abwechslung mal ein Fußballspiel verlieren. Oder mittels hartnäckig verweigerter Zuneigung, selbst oder vielleicht vor allem jenen gegenüber, die unser Land schätzen, mögen, sogar lieben. Ein Deutscher, der lauthals verkündet, wie gerne er die Schweiz und die Schweizer mag, das kann sich für uns schon mal anfühlen wie der feuchte Kuss einer Tante.

Wenn man dann noch das Offensichtlichste hinzunimmt: Dort ein großes Land, hier ein kleines Land, dort viele Menschen, hier wenige Menschen, dort ein bis vor einigen Jahrzehnten ungesund ausgeprägter Weltgestaltungs- und Vereinnahmungswille, hier die bewährte Losung «Tarnkappe schlägt Stahlhelm» bzw. «Diskretion statt Revolution», dann ergibt sich aus alle dem ein manchmal ziemlich heftig blubberndes Gebräu an Emotionen.

So oder ähnlich steht's auch in der einschlägigen Deutungsliteratur der professionellen Schweiz-Versteher. Die ganze Wahrheit ist das wohl nicht. Aber die wollen wir an dieser Stelle auch noch nicht enthüllen, schließlich soll das Büchlein noch eine Weile dauern. Ob es wenigstens die halbe Wahrheit ist – vielleicht. Zumindest fallen mir keine überzeugenden Gegenargumente ein, außer man erhebt meine Skepsis gegenüber einschlägiger Deutungsliteratur in den Status eines Arguments.

Vielleicht ist es angezeigt, hier auch mal vom Gegenteil zu künden: dem Sprach-Dünkel des Schweizers. Wobei Dünkel so negativ tönt. Idealerweise denkt sich der Leser jetzt ein Wort aus – selber fällt mir grad keins ein –, das für objektiv gerechtfertigten, nicht übertriebenen und daher in seinem Wesenskern undünkelhaften Dünkel steht. Schließlich ist es keine Mär, dass in unserem kleinen Land vier* Sprachen gesprochen werden. Da liegt es doch auf der Hand, dass wir für das Verstehen und Erlernen von etwas anderem als der Muttersprache ungleich empfänglicher sind als der gemeine Deutsche. Natürlich lässt sich das mit Zahlen belegen. Eine europaweite Umfrage hat ergeben, dass phänomenale 91 Prozent der Schweizer mindestens eine Fremdsprache sprechen und großartige 66 Prozent gar zwei oder mehr. In Deutschland hingegen sind nur 67 Prozent einer Fremdsprache kundig, ganze 27 Prozent schaffen es auf zwei oder mehr Sprachen. Wenn wir ganz, ganz ehrlich sind, dann müssen wir *allerdings* gestehen: Respect, Germany. Wir hätten eher zur Annahme tendiert, dass sich die Ergebnisse dort im einstelligen Bereich bewegen würden: 6,7 und 2,7 Prozent. Die absoluten Zahlen entsprechen schon eher unserem Bild: In der

---

+ Der Einfachheit halber würde ich ja lieber schreiben: drei Sprachen – Deutsch, Französisch, Italienisch. Aber wir haben noch diese Mikrominderheit, die Rätoromanisch spricht, unsere vierte offizielle Landessprache. Und weil es Erbaulicheres gibt, als sich mit einer der zahlreichen helvetischen Mikrominderheiten-Lobbys anzulegen, lasse ich es bleiben und schreibe: ~~dreieinhalb~~ vier offizielle Sprachen.

Schweiz besitzen lediglich 500 000 Personen über 15 Jahre gar keine Fremdsprachenkenntnisse (Hochdeutsch nicht mitgezählt). In Deutschland sind es 23 Millionen.

Und die scheinen gehäuft «Wer wird Millionär?» zu schauen. Dort kam letzthin dieser neue Publikumsjoker zum Einsatz, wo nicht alle per Knopfdruck ihre Vermutung kundtun, sondern jene Zuschauer aufstehen, die bezüglich der korrekten Antwort besonders vermutungssicher sind. Die Frage, die Herr Jauch vorlas, lautete: Was heißt pomodoro wörtlich übersetzt? Im weiten Rund des großen Studios erhoben sich ganze zwei Zuschauer von ihren Sitzen. In der Schweiz wären nur zwei sitzen geblieben, nämlich die Rollstuhlfahrer. Ach ja, um die Spannung nicht ins Unerträgliche wachsen zu lassen: Pomodoro heißt goldener Apfel. Und grad gestern setzte ich mich zum Zeitungslesen in ein Lokal bei mir um die Ecke. Am Nebentisch studierten zwei voluminöse, bebartete Deutsche die Speisekarte. Der eine las vor, so vorsichtig als entschärfe er eine Landmine: «Schpa. – Gedi.» Lange Pause. «All. – Ara. – Bata» (*Spaghetti all'arrabbiata*). Da pflügte für einmal kein Schweizer durch den Text wie durch einen Acker. Sondern ein lahmender deutscher Ackergaul durch einen sehr steinigen Acker. Natürlich freut uns so etwas tierisch.

Weiter oben habe ich vom Hang des Schweizers zu allergischen Reaktionen auf deutsche Töne gesprochen. Das war durchaus wörtlich gemeint: Allergische Reaktionen kommen unvermittelt und ohne dass der Allergiker etwas dagegen tun kann. Manchmal reicht bereits eine winzige Dosis des Allergens für eine grotesk heftige Reaktion. Die Symptome können aber ebenso rasch abklingen wie sie aufgetaucht sind. Und: Eine Allergie sagt nichts über die Beziehung des Allergikers zur Allergie verursachenden Substanz aus. Ich zum Beispiel habe vor rund zehn

Jahren eine Mandelallergie entwickelt. Esse ich Mandeln, kriege ich ein Stechen in der Speiseröhre, oder mein Kopf wird so rot wie der eines Gran-Canaria-Urlaubers am Ende seiner Sonnenbad-Schicht, oder meine Lippen schwellen so an, als sei ich eine hellhäutige Reinkarnation von Idi Amin. Dabei liebe ich Mandeln! Insbesondere mandelhaltige Süßigkeiten, zum Beispiel Lübecker Marzipan.

Und so kommt es, dass ich während der Recherchen für dieses Büchlein mit einem Schweizer Arzt gesprochen habe, der glücklich mit einer Hannoveranerin verheiratet ist, aber gleichzeitig über die «arroganten Sauschwaben»[+] in seiner Klinik wettern kann. Oder mit einer jungen Frau, in Zürich geboren und aufgewachsen, die durch ihren Vater einen deutschen Pass besitzt, sich als «pro Deutsch» bezeichnet, «vor allem im Fußball», die aber gleichzeitig sagt: «Wenn du im Tram sitzt und aus dem Lautsprecher sächselt es ‹Bürkliplatz›, dann krampft sich schon etwas in dir zusammen.»

Wahrscheinlich verhält es sich so: Allergien sind etwas Unangenehmes. Aber so schlimm wie Krebs sind sie nicht. Und darum sollte man sie auch nicht ganz so ernst nehmen.

[+] «Schwab», Steigerungsform «Sauschwab» meint das Ganze[++] und ist das klassische Schweizer Schimpfwort für Deutsche im Allgemeinen. Allerdings ist der Ausdruck ziemlich demodé und wird vorwiegend von älteren Menschen verwendet.
[++] Eine Fußnote in der Fußnote, sozusagen eine Fußsohlen-Note – das muss eine Weltpremiere sein! Die Formulierung «meint das Ganze» wurde hier als Pisa-sensible Alternative zu *pars pro toto* verwendet.

Heute Morgen hat mir mein Linguist ein Mail geschrieben (Sie erinnern sich: *ein* Mail, nicht eine). Darin empfahl er mir, einen weiteren Linguisten zu kontaktieren. Dieser führe eine für mich möglicherweise interessante Untersuchung durch, eine vergleichende Studie zu den unterschiedlichen Sprechgeschwindigkeiten in der Schweiz und in Deutschland. Wow, dachte ich, wie toll das wäre, in diesem Büchlein einen Befund wiedergeben zu können im Stil von: «Messungen mit einem vom Uhrenhersteller Tissot entwickelten Zeitnehmersystem haben ergeben, dass der typische Berner Katholik 7,438 Minuten länger als sein Berliner Pendant benötigt, bis er den Rosenkranz durchhat.» Wobei ich jetzt gar nicht sicher bin, ob es in Berlin – von den Bundestagsabgeordneten der CSU abgesehen – überhaupt Katholiken gibt. Oder nur Atheisten. Atheisten in zu kurzen Adidas-Jäckchen. Atheisten in zu kurzen Adidas-Jäckchen, die jeden Tag bis zwei Uhr nachmittags ausschlafen. Und danach darüber nachdenken, eine Kunst AG zu gründen.

Ich rief also den zweiten Linguisten an und erkundigte mich, ob es wahr sei, dass er sozusagen mit der Stoppuhr messe, wer wie schnell spricht. Der Linguist bestätigte, dass er ein derartiges Projekt in Angriff genommen habe. Die Erhebung der Daten sei aber enorm aufwendig, weshalb frühestens in zwei bis drei Jahren mit seriösen Ergebnissen zu rechnen sei. Natürlich wollte ich wissen, ob sich wenigstens halbseriöse Zwischenergebnisse abzeichneten. Der Linguist verneinte, ergänzte jedoch, dass ein paar wenige innerschweizerische Vergleichstests schon ausgewertet worden seien. Da hätten die von ihm getesteten Berner langsamer gesprochen als die Walliser. (Ein Befund, der in der Schweiz nicht zu überraschen vermag, gelten doch die Berner als besonders langsam.) Ich wollte wissen, ob er denn noch gar keine

Deutschen getestet habe. Das war leider nicht der Fall. Immerhin, so der Linguist, seien ähnliche Untersuchungen vereinzelt auch in Deutschland durchgeführt worden, weshalb es von dort schon die eine oder andere Messreihe gebe.

In dem Fall, sagte ich voller Vorfreude, könne er mir sicherlich sagen, wie viel schneller beispielsweise ein Berliner im Vergleich zu so einem Berner spreche. Die verblüffende Antwort lautete: So eindeutig sei das gar nicht, dass der Berliner schneller rede! Ich insistierte, jeder höre doch, dass der Berliner schneller rede. Er replizierte, erstens seien die individuellen Unterschiede enorm – es gebe auch schnelle Berner und langsame Berliner –, und zweitens komme es eben stark darauf an, was man messe: die Sprechgeschwindigkeit oder die Artikulationsgeschwindigkeit. Brutto oder netto. Mit Pausen oder ohne Pausen. Und wenn man die Pausen zwischen den einzelnen Wörtern und Sätzen abziehe und nur das tatsächlich Gesprochene berücksichtige ... dann sei der Berner wohl gar nicht mehr so viel langsamer als der Berliner. Ob denn das nicht geschummelt sei, die Sprechpausen abzuziehen? Ganz und gar nicht, meinte der Linguist. Um nach Italien zu reisen, gebe es schließlich auch zwei Möglichkeiten: durch den Gotthardtunnel oder oben über die Passstraße drüber.

Zum Beispiel sei es so, dass man im Schweizerdeutschen, wie überhaupt im alemannischen Sprachraum, häufig eine Silbenreduktion vornehme. Was im Hochdeutschen «das Gespenst» heiße, werde bei uns zu einem einzigen Vokal mit vielen Konsonanten drumherum reduziert: *s Gspängscht.* Weil wir weniger Silben gebrauchen, werde die einzelne Silbe tendenziell etwas länger gesprochen, weshalb man im Hochdeutschen mehr Silben pro Zeiteinheit unterbringe. Mehr Silben, so begriff ich, heißt aber nicht unbedingt mehr Wörter. Siehe Gespenst versus *Gspängscht.*

Wenn man daher die Berner in der Sparte Anzahl Wörter pro Minute gegen die Berliner antreten lässt, dann sieht es besser aus für die Berner als bei den Silben. Wenn man dann noch die vielen Pausen abzieht, die dem Berner von seinem höflich-bedächtigen Umfeld anerzogen worden sind, dann wird aus dem Berner schon fast ein Berliner.

Und hier endlich die Zahlen:

a) mit Pausen
   Testperson aus Bern (Schweiz): *180 Wörter pro Minute*
   Testperson aus Berlin (Deutschland): *217 Wörter pro Minute*

b) pausenbereinigt
   Bern: *247,9 Wörter*
   Berlin: *259,6 Wörter*

Aus meiner eigenen Studienzeit erinnere ich mich dumpf, dass die Überprüfbarkeit von Ergebnissen das A und O wissenschaftlichen Wirkens ist. Darum möchte ich an dieser Stelle offenlegen, dass die in Vergleich A wiedergegebenen Zahlen vom Linguisten stammen, während die unter B aufgeführten Ergebnisse unter Zuhilfenahme weiterer, hier nicht diskutierter Daten von mir selber berechnet werden mussten. Das von mir hierfür angewandte Verfahren war ziemlich kompliziert, weswegen ich die Leserschaft nicht mit den Details langweilen möchte. Ich finde: Vertrauen ist die Basis jeder Beziehung – auch zwischen dem Leser und seinem Autor.

Gut, das Tempo ist das eine. Aber wie wir gesehen haben, ist es ja so, dass viele Schweizer auch den Klang des Hochdeutschen schnell einmal als «zackig» oder «forsch» empfinden. Mir persönlich – dies ein Geständnis als Zeichen des Dankes für das mir soeben entgegengebrachte Vertrauen –, mir gefällt die Art und Weise, wie meine Bekannten aus dem Norden Deutschlands reden, sehr gut. Vor allem im Sommer. Im Winter habe ich immer ein wenig Angst, dass ich mich beim Zuhören erkälte.

Konnte die Wissenschaft Antworten für dieses eigenartige Unbehagen liefern? Gab es typisch germanische Laute, welche ein helvetisches Trommelfell in Schwingungen versetzten, die von seinem Besitzer als unangenehm empfunden werden? Dazu würde er gerne selber mal Messungen machen, sagte der Linguist. Allerdings sei es sehr schwierig, diesbezügliche Laien-Aussagen wissenschaftlich zu erfassen. Was heiße denn das konkret, wenn Schweizer sagen, Deutsche redeten «hart», «stakkatomäßig», «abgehackt wie ein Maschinengewehr»? Er könne nur spekulieren – vielleicht liege es an kleinen Unterschieden wie dem, dass Deutsche den Akzent innerhalb einer Silbe ein wenig weiter vorne setzten. Wo sie «Wagen» sagen, töne es bei uns eher nach «Waagen».

Mir ging durch den Kopf, dass die Deutschen gar nicht alles härter aussprechen als wir. Vor allem bei unseren Namen knicken sie ein. So gibt es den Schweizer Fußballer Mario Eggimann, der für den Karlsruher SC spielt, weswegen sein Name regelmäßig von deutschen Sportkommentatoren in den Mund genommen werden muss. Wie man sieht, schreibt sich Eggiman mit doppeltem g. Und die wollen natürlich beide zum Zug kommen, weswegen man den Namen fast wie «Eckimann», mindestens aber mit einem g-i wie in «Ginster» ausspricht. Die deutschen Sportkommentatoren sagen aber immer Egi-Mann. Dabei sprechen sie das g so pflaumenweich aus, als seien sie in einen Hundehaufen getreten.

Egi-Mann ist in Karlsruhe Mannschaftskapitän und bei den Fans sehr beliebt. Darüber habe ich mal einen längeren Bericht im Schweizer Fernsehen gesehen. Das Fernsehen hier zeigt uns andauernd Berichte über Schweizer, die es im Ausland zu etwas gebracht haben. Und wir sehen uns solche Berichte gerne an. Das verbindet uns ein klein wenig mit der Bevölkerung Kasachstans. Wir verwenden übrigens oft Begriffe wie «Bevölkerung», «Leute» oder etwas in der Richtung. Das in Deutschland unschlagbar populäre «Menschen» überlassen wir den dortigen Politikern und Pastoren. Die sehen sich ja von Amtes wegen verpflichtet, in jeder Rede mindestens einmal «Die Menschen in unserem Land» einzuflechten. Uns menschelt das zu stark.

Auf alle Fälle kam in dem Sportbericht auch ein kleiner Junge von etwa sieben Jahren vor, der ein Trikot von Egi-Mann trug. Der Reporter fragte den Jungen, warum er den Schweizer gut fände. Dieser sei eine «Führungspersönlichkeit», antwortete der Bub. Ich glaube nicht, dass es in der Geschichte der Eidgenossenschaft schon einmal vorgekommen ist, dass ein Siebenjähriger das Wort «Führungspersönlichkeit» in den Mund genommen hat. Selbst der Gewinner der nationalen Klugscheißermeisterschaften würde das niemals tun. Erstens können bei uns die Menschen sechssilbige Wörter frühestens mit Erreichen der Volljährigkeit stolperfrei aussprechen. Und zweitens gibt es in der Schweiz ganz einfach keine solch schrecklichen Kinder. Bringt mir einen deutschen Balg, der nicht altklug daherlabert, und ich schenke ihm eine Tafel Schweizer Schokolade.

Das alles habe ich selbstverständlich nur für mich gedacht und nicht mit dem Linguisten besprochen. Mit dem diskutierte ich noch die Frage, wieweit es beim Schweizerkreuz mit dem Hochdeutschen nicht nur ums Tempo und den Ton gehe, sondern auch um die Art und Weise, wie kommuniziert werde. Ein ganz normaler Dialog in einer Bäckerei läuft bei uns nämlich in etwa so ab:

Verkäuferin (V): *Grüezi.*

Kunde (K): *Grüezi.*

V: *Was hätten Sie gerne?*

K: *Dürfte ich zwei Weggli, zwei Gipfeli und ein Pfünderli haben?*

V: *Gerne. Lieber ein helles oder ein dunkles Pfünderli?*

K: *Gerne ein dunkles, danke.*

V: *Darf es sonst noch etwas sein?*

K: *Nein, merci, das ist alles.*

V: *Das macht dann acht Franken fünfunddreißig, wenn Sie so gut wären.*

K: *Hier eine Zehnernote, und fünfunddreißig Rappen sollte ich auch noch haben.*

V: *Super, vielen Dank. Dann wären das genau zwei Franken zurück.*

K: *Danke schön.*

V: *Bitte schön. Brauchen Sie noch eine Tasche?*[+]

K: *Merci, nein, das geht gut so. Danke.*

V: *Ich danke Ihnen und wünsche einen schönen Tag.*

K: *Ihnen auch, merci, auf Wiedersehen.*

V: *Ade, danke schön.*

Und so vermag es nicht zu erstaunen, dass ein Schweizer, der seit einigen Jahren in Deutschland lebt, seinen dort ansässigen Landsleuten zu folgender Integrationsmaßnahme rät: «Eine der

---

[+] **Genau genommen fragt man bei uns: «Brauchen Sie einen Sack?» Aber mein Auftrag lautete ja nicht, Pointen auf Kosten der Schweizer zu liefern.**

wichtigsten Regeln, die Sie sich auferlegen müssen, um nicht allzu sehr als Fremder aufzufallen: Zwingen Sie sich, ein bisschen weniger freundlich zu sein.» Umgekehrt bedeutet das: Wenn ein Deutscher in der Schweiz an der Theke steht und – wie ein Bekannter von mir fasziniert beobachtet hat – «ich krieg 'ne Cola» schnarrt, dann kommt das hier etwa so gut an wie in Saudi-Arabien ein Moscheebesuch in Strapsen.

Die Deutschen, heißt es bei uns gemeinhin, seien eben direkter und kämen schneller zur Sache. In seinen Seminaren, so hat der Linguist beobachtet, sei es tatsächlich so, dass deutsche Studenten Kritik deutlicher äußerten als ihre Schweizer Kommilitonen und sich auch rascher auf Fragen meldeten. Wobei das jetzt alles sehr, sehr pauschalisierend sei, und man das unbedingt einmal genauer untersuchen müsste. Was der Linguist aber auch festgestellt hat: Die Antworten der Deutschen seien in der Tendenz ausschweifender, die Schweizer kämen rascher auf den Punkt, wohl genau deshalb, weil sie nicht sofort drauflos redeten, sondern sich ihre Antworten im Vornherein genau überlegten.

«Könnte man also sagen, der Deutsche denkt beim Reden?»

«Könnte man so sagen.»

«Während der Schweizer ...»

«... gar nicht denkt, wenn er redet.»

«Wie bitte?»

«War nur ein Scherz.»

Zusammenleben I

«Tja, so bin ich nun mal»

Für dieses Büchlein habe ich mit zahlreichen Menschen gesprochen, mit Schweizern und, im Sinne einer ausgewogenen Berichterstattung, auch mit ein paar Deutschen, die sich in unserer schönen Heimat niedergelassen haben. Von Letzteren sollen jene, die sich positiv über unser Land geäußert haben, ausführlich zu Wort kommen. – Leser mit Elefantengedächtnis werden sich erinnern, diese Sätze schon einmal gelesen zu haben. Aber jetzt ist es mir ernst, jetzt möchte ich diesen Menschen eine Stimme geben. Und: Auch wenn dies hier nicht als Plattform für ausufernde Schweizkritik gedacht ist, werden vielleicht sogar Birgit und Jenny zu Wort kommen. (Leser mit Elefantengedächtnis werden sich schon wieder erinnern.) Ich kann aber nichts versprechen. Mal sehen, wie sich meine Laune im Lauf des Kapitels entwickelt.

Wenn man mit den verschiedensten Menschen spricht, kommen einem die verschiedensten Fragen in den Sinn. Aber auch immer die gleichen. Zum Beispiel: Sind sich Schweizer und Deutsche letztlich zum Verwechseln ähnlich? Von den professionellen Schweiz-Verstehern wird diese Frage übrigens mit einem überzeugten Ja beantwortet. Es gebe so viele Dinge, die nahezu identisch seien, von den Eigenschaften, die man beiden Völkern zuschreibe – Zuverlässigkeit, Ordnungsliebe, Pünktlichkeit und so weiter –, über den gemeinsamen Kulturraum zur Sprache und vielem mehr. Dies sei auch ein wesentlicher Grund für allfällige Sticheleien, Rivalitäten und Antipathien. (Dazu gibt es eine traurige Umfrage, die besagt, von allen Nachbarvölkern sei das deutsche den Schweizern am wenigsten sympathisch.) «Narzissmus der kleinen Differenz», nannte Freud dieses Zelebrieren geringfügiger Unterschiede. Das ist natürlich schön gesagt. Schöner sagte es nur Professor Schwanitz, der von der «Fast-Harmonie als Kontrastfolie für die totale Unerträglichkeit des Minimalrestes» sprach und, wie zum Beweis, dass er auch einfacher kann, ergänzte: «Wenn ein Fußballspieler weit am Tor vorbeischießt, ist das nicht weiter aufregend. Wenn er aber das Leder nur wenige Zentimeter danebenhaut, heult die Menge auf, obwohl der Spieler doch genauso danebengeschossen hat wie im ersten Fall.»

Ich habe mit niemandem gesprochen, der so tollkühn gewesen wäre zu behaupten, an dieser Sichtweise sei überhaupt nichts dran. Allerdings betonten erstaunlich viele der Befragten – vor allem Schweizer – eher die Unterschiede als das Gemeinsame.

Schweizer über die Deutschen …

Ein Pressefotograf aus Luzern, in beiden Ländern tätig, sagte: Deutsche Kunden würden Bilder wünschen, auf denen immer alles hell ausgeleuchtet und scharf sein müsse. Sie liebten es eindeutig. Mit Doppelbödigem, Verspieltem, Mehrdeutigem, wie man es in der Schweiz schätze, könnten sie nichts anfangen. Am schlimmsten seien die deutschen Journalisten. Wehe, man erfreche sich als «simpler *Foti-Tschumpel*» (Foto-Tölpel), eine Meinung zu äußern, die nicht in deren erdbebensicheres Weltbild passe. Zum Beispiel, dass die Amis nicht einfach nur dumm und böse seien. Das habe er sich mal einem ARD-Reporter in Afghanistan zu erwidern erlaubt. Das sei das sofortige Ende der Unterhaltung gewesen. Zudem: Viele Schweizer, übrigens auch die Städter, seien letztlich von einer zurückhaltenden Bergler-Mentalität geprägt. Daher würden wir uns nicht jeden Mist aufschwatzen lassen und jedem Idioten hinterherrennen. «Unser Herdentrieb ist weniger ausgeprägt als bei den Deutschen.»

Eine Drehbuchautorin erzählte, sie tue sich «auch nach etlichen Jahren der Zusammenarbeit immer noch schwer mit dem hierarchischen Denken der Deutschen». In der Schweizer Filmbranche duze man sich, egal ob man sich kenne oder nicht, und zwar vom Produzenten über die Crewmitglieder bis hin zum Kinobetreiber und Verleiher. Sie werde nie die entsetzten Gesichter vergessen, als sie das erste Mal die Bavaria Studios betrat und die Chefproduzentin mit «Freut mich, dich endlich kennenzulernen» begrüßt habe. «Das war eine Majestätsbeleidigung.» Deutsche seien stets darauf bedacht, die eigene Position innerhalb der Hierarchie herauszustellen. Sobald sie sich irgendwoher einen Titel ergattert hätten – und sei er noch so unbedeutend oder gar albern –, werde er auf alle Visitenkarten gedruckt. «Damit würde man sich bei uns in der Schweiz zum Affen machen.»

Am Arbeitsplatz ist das ungleiche Hierarchieverständnis ohnehin eines der Themen, das am häufigsten zu Reibereien führt – vor allem wenn Schweizer die Untergebenen und Deutsche die Vorgesetzten sind. Ein jüngerer Psychiatriepfleger aus Basel, der auf meine Frage, worin sich denn Chefs aus den beiden Ländern unterscheiden würden, unvergesslicherweise antwortete: «Kann ich nicht beurteilen, hatte bisher immer nur deutsche», dieser Psychiatriepfleger erzählte mir von den «Erziehungsmaßnahmen» in seiner Abteilung für frisch aus Deutschland zugezogene Ärzte. Er sehe ja nicht grad aus wie die klassische Sekretärin, sagte der ein Meter neunzig große Mann mit der Stahlwolle im Gesicht. Dennoch habe neulich wieder so ein Oberarzt aus Kassel, der noch nicht lange in der Schweiz arbeite, gemeint, er, der Pfleger, sei dafür bezahlt, Fotokopien anzufertigen, Stühle ins Besprechungszimmer zu stellen und dem Herrn Doktor die Unterlagen hinterherzutragen. Deswegen habe er sich ein Pappschild umgehängt, wo *Gango* draufstand. Das ist ein schweizerdeutscher Ausdruck für Kuli und würde, gäbe es ihn auf Hochdeutsch, vermutlich «Geho» heißen – geh dies holen, geh das holen, geh jenes holen. Natürlich erkundigte sich der Oberarzt, warum er dieses Pappschild trage und was denn *Gango* überhaupt heiße. Man erklärte ihm die Bedeutung des Wortes sowie die Umstände, die zu dieser kleinen Demo geführt hatten, worauf sich der Arzt entschuldigte und gelobte, sich künftig zu bessern.

Dazu muss man wissen, dass an Schweizer Krankenhäusern – oder Spitälern, wie das bei uns korrekterweise heißt –, dass also an unseren Spitälern das Pflegepersonal weitreichende Kompetenzen besitzt und die Hierarchien viel flacher sind als in Deutschland. Dort spukt vielerorts noch der Geist des guten alten preußischen Militärarztwesens durch die Kliniken. Dies schlägt sich im Umgangston nieder, der dann von den in die Schweiz ziehenden Medizinern importiert wird, hier aber unglaublich schlecht ankommt, weswegen er ihnen von einheimischen Krankenschwestern und Pflegern in mühsamer Kleinarbeit wieder aberzogen werden muss.

Nicht alle deutschen Mediziner seien so lernfähig wie der

Oberarzt aus Kassel, wusste mein Psychiatriepfleger weiter zu berichten. Dessen Vorgänger, ein *Mannöggel* (Männchen) mit merkwürdigem Schnauzer und hässlichen Schuhen, habe, wenn ihm etwas nicht passte, herumgestampft wie ein Rumpelstilz und die Leute angebrüllt. «Das war so absurd, dass es fast wieder geil war. Wir haben uns immer heimlich einen abgelacht.» So ungefähr ab dem dritten Anfall habe den in der Abteilung keiner mehr ernst genommen. Irgendwann hat der Pfleger damit angefangen, mit einem *Kolleg* zusammen das Männlein gezielt zum Ausflippen zu bringen, indem sie sich in dessen Hörweite unterhielten, als seien sie Ärzte: «Sollen wir Patient Meier isolieren?» – «Ja, machen wir.» – «Valium-Dosis erhöhen?» – «Ich würde abwarten.» – «Gehirntomographie?» – «Erachte ich als angezeigt.»

Nach einigen Monaten, schloss der Psychiatriepfleger lächelnd, habe das Männlein seine Siebensachen gepackt. Ob es sich noch in der Schweiz aufhält, ist nicht überliefert beziehungsweise habe ich nachzufragen versäumt. Um den Nutzwert dieses Büchleins für potenzielle Schweiz-Auswanderer auf einen Schlag massiv zu erhöhen, sei aber an dieser Stelle verraten: Wer Schweizer Arbeitskollegen einschüchtern will, der soll sich einen perfekt sitzenden Anzug kaufen, lässig an den Sitzungstisch lehnen und mit ruhiger Stimme in bestem Hochdeutsch ein paar kunstvoll gedrechselte Sätze von sich geben und dabei so dreinschauen, als entspanne ihn das Vortragen kunstvoll gedrechselter Sätze mindestens so sehr wie das abendliche Melisse-Schaumbad. Aber herumbrüllen? Funktioniert nicht.

Ich vermute, bei unserer Brüll-Immunität handelt es sich weniger um eine zivilisatorische Leistung, als um die Folge einer anatomischen Eigenheit unseres Volkes. Entsprechende Beobachtungen konnte ich erstmals an der Fußballeuropameisterschaft in Portugal im Jahre 2004 machen (das ist jenes Turnier, an dem die deutsche «Elf» bereits nach der Vorrunde wieder nordwärts fuhr). Die Schweiz spielte gegen England (das Resultat tut hier nichts zur Sache), und in unserem Sektor sangen vielleicht achttausend Fans *«Schwiizer Natzi olé, olé!»*. In den Sektor hatten sich auch ein paar hundert Engländer verirrt. Und die waren tatsächlich lauter als die achttausend Schweizer. Muss an unseren Kehlköpfen und Stimmbändern liegen. Einfach nicht für laute Töne gebaut. Weswegen wir für diese auch nicht empfänglich sind.

Im vorvorletzten Abschnitt war von «Rumpelstilz» die Rede. Eigentlich heißt es ja Rumpelstilzchen. Aber Rumpelstilz war eine der erfolgreichsten Bands in der eher unflamboyanten Geschichte der Schweizer Rockmusik. Der Leadsänger der Band heißt Polo Hofer und geht, wie alle noch lebenden Leadsänger von legendären Rockbands, stramm aufs Rentenalter zu. In einem Dossier zum Thema «Alpenrock» schrieb der Onlinedienst des Bayerischen Rundfunks unerwartet listig: «Polo Hofer, auch ‹Polo national› genannt, ist der Schweizer Dialektrocker schlechthin. Die Jugendlichen und die Drogenszene himmeln ihn an.» Selbigem Dossier entnehme ich, dass sich Mitte der siebziger Jahre die hochdeutsche Version des größten Hits von Rumpelstilz namens «Kiosk» immerhin 120 000-mal verkauft hat. Deswegen wollte die Plattenfirma die Band in Deutschland pushen, wie man so sagt. Der Plan war, dass sie sich bei ihren Konzerten dort so richtig hinterwäldlerisch gibt und zum Beispiel mit Zipfelmützen auftritt. Die Band weigerte sich. *Respect*, Rumpelstilz.

Zurück zum Arbeitsplatz: Ein einheimischer Oberkellner in einem der teuersten Häuser Berns vermochte mir das Hierarchie-Thema aus der umgekehrten Warte zu schildern. Er wolle betont haben, sagte der Oberkellner als Erstes, dass man im Schweizer Gastgewerbe kaum mehr Aufhebens um die Deutschen mache, weil schon so lange so viele hier arbeiteten, vor allem aus Ostdeutschland. Leistungsbereitschaft, Freundlichkeit, Sachkompetenz – da habe er in all den Jahren eigentlich nur individuelle Unterschiede ausmachen können, keine, die sich auf die Nationalität beziehen würden. Allerdings habe er manchmal den Eindruck, dass Deutsche in der Tendenz eher gegen oben kuschen und gegen unten – die portugiesische Putzfrau, den tamilischen Küchengehilfen – treten würden. Entsprechend fahre man als Vorgesetzter besser, wenn man «DDR-Schwimmklassen-mäßig» vor sie hintrete und klare Befehle erteile. «Mich dünkt, die brauchen das fast ein wenig.»

Jener Mediziner, der glücklich mit einer Hannoveranerin verheiratet ist und aufgrund seiner Verwendung des Ausdrucks «Sauschwab» schon einmal zitiert worden ist, sieht das offenbar genauso. Er ist Orthopäde und leitender Arzt an einem großen Schweizer Krankenhaus. Wir trafen uns spätabends zum Kaffee, er hatte an jenem Tag drei Operationen hinter sich. Nach einer kurzen Phase des Smalltalks kniff er die Augen zusammen und sagte mit eisiger Stimme: «Jüngere Schweizer Kollegen führe ich, indem ich Energie und Begeisterung verströme. Wenn du aber mit Deutschen auf Kumpel machst, dann läufst du Gefahr, dass sie dir auf der Nase herumtanzen. Da hilft nur eins: Den Chef rauskehren, und wenn sie nicht spuren, knallhart auftreten – mit Operationsverboten drohen, solche Sachen.»

Im Lauf unseres Gespräches stellte sich allerdings heraus, dass der Mann auch im Umgang mit anderen Mitarbeitern kein Softie war. Einem «sackfaulen türkischen OP-Pfleger» habe er mal gesagt: «Gebetsteppich einrollen und arbeiten.» In Schweizer Operationssälen seien oft «eigentliche Multikulti-Teams» am Werk, weswegen die Kommunikation rasch einmal zum Problem werden könne. Er sei da streng und nehme wenig Rücksicht. Einem deutschen Arzt, der Mühe mit der Mundart hatte und glaubte, ihm blöd kommen zu müssen, dem habe er gesagt: «Schau, wenn du unserer Sprache nicht gewachsen bist, dann ist es besser, du gehst zurück, wo du herkommst.»

Mit großer Genugtuung berichtete der Orthopäde von jener Tagung in München, auf der die Resultate einer internationalen Vergleichsstudie diskutiert wurden. Dem Tagungsleiter war aufgefallen, dass die wenigen Schweizer Kliniken, die sich an der Studie beteiligten, nahezu gleich viele Fälle beisteuerten wie alle deutschen Kliniken zusammen. «Wie kann es sein», habe der Tagungsleiter die Anwesenden gefragt, «dass wir mit unserer Bundesliga im Vergleich zu den Schweizern nicht besser dastehen?» Der Orthopäde stand auf, ließ sich ein Mikrophon reichen und säuselte: «Wir spielen eben nicht in der Bundesliga, sondern in der Champions League.»

Der selbstbewusste Auftritt, das rhetorische Geschick, die eigene Leistung verkaufen können, sich nicht klein machen: Das sei es, was die Schweizer von den Deutschen lernen müssten. Allerdings könne es bei denen rasch einmal in ein «lächerliches Gorilla-Gehabe» kippen, vor allem bei jenen, die «eher zu den Nieten als zu den *perfomern*» gehörten. Beim Einstellungsgespräch für eine leitende Position habe ein deutscher Bewerber neulich gesagt: «Dieses Krankenhaus hat großes Potenzial.» Nachdem mir der Orthopäde das erzählt hatte, schob er die Espressotasse ein klein wenig zur Seite. Er sah jetzt so gefährlich aus wie eine entsicherte Handgranate. Er atmete tief ein, hielt kurz inne und sagte dann sehr ruhig: «Der Bewerber kam aus einem Provinzkaff. Er leitete dort eine bessere Apotheke. Wir hingegen sind eines der besten und modernsten Spitäler im gesamten deutschsprachigen Raum. Und so einer attestiert uns ‹Potenzial›.» Nein, eine derartige Mischung aus Arroganz und Unkenntnis, die habe er bei Schweizern noch nicht erlebt.

Natürlich wollte ich wissen, was denn die Ehefrau dazu sage, wenn er mit ihren Landsleuten so hart ins Gericht gehe. Seine Frau sei ein kämpferischer Typ, antwortete er. Im Zweifelsfall sei es sie, die ihm einschärfe: «Lass dich nicht unterkriegen von denen!» Jetzt grinste mich der Orthopäde breit an und sagte: «Sie sehen also, ich habe die Lizenz zum Töten.»

Dass sich die Deutschen besser zu verkaufen wüssten, bekam ich häufig zu hören. Ein Personalchef, der regelmäßig Bewerbungen aus Deutschland zu begutachten hat, erzählte mir, er habe lernen müssen, die Unterlagen von Schweizern und Deutschen verschieden zu lesen. «Wenn ein Schweizer an zwei Abenden ein *Kürsli* macht, wie man sich neue Namen und Gesichter einprägen kann, dann erwähnt er das bestimmt nicht in seinem Lebenslauf. So etwas fände er peinlich. Bei einem Deutschen hingegen, der den gleichen Kurs besucht hat, steht dann geschrieben: ‹Seminar Führungstechniken›.» In einem Artikel mit der Überschrift «Deutsche lügen besser» zitierte eine Schweizer Zeitung einen Stellenvermittler, der sich über die «Eigenlob-Drescherei» deutscher Bewerber mokierte, die zudem meist schon auf die erste Seite ihre Bewerbungsdossiers ein «völlig überdimensioniertes Foto» von sich draufkleben würden. «So gut, wie die sich darstellen», sagte der Stellenvermittler, «kann gar keiner sein.» Es ist aber keineswegs so, dass sich die Schweizer vom selbstbewussten und oft auch gewandteren Auftreten der Deutschen partout nicht beeindrucken lassen. So gibt es eine etwas vergilbte, aber interessante Studie aus dem Psychologenmilieu, die zum Schluss gekommen ist: Schweizer Therapeuten, die sowohl Landsleute als auch Deutsche behandeln, würden die Intelligenz der deutschen Patienten häufig überschätzen, da sie sich von deren größeren rhetorischen Fähigkeiten blenden ließen. Auch das Umgekehrte kommt vor: Deutsche, die Schweizer aufgrund derer zurückhaltenden Art unterschätzen und dafür büßen. Davon wird im nächsten Kapitel die Rede sein.

Ein Unternehmensberater aus Zürich mit Hang zum gestrengen Urteil wies mich auf einen weiteren Unterschied zwischen den beiden Völkern hin: «Der Schweizer kann zwar kein Deutsch, dafür ist er ein *sophisticated consumer*. Deutsche hingegen kennen nur Aldi und Pullis von Benetton.» Allerdings, so schränkte er ein, könne es auch an der «Negativauswahl» liegen, die wir in unserem Land zu sehen bekämen. Er habe nämlich «den schrecklichen Verdacht», dass vor allem die B-Liga in die Schweiz auswandere, «die Halb- bis Dreiviertelgebildeten». Die Besten würden Toppositionen im eigenen Land bekleiden oder in die USA gehen. Er befürchte daher, dass seiner geliebten Heimatstadt die Provinzialisierung von Norden her drohe. «Das Tolle an Zürich ist doch: Kleine Stadt, wenig Menschen, aber ganz viele Antennen in die ganze Welt. Die Deutschen, die zu uns ziehen, die haben auch Antennen – nach Osnabrück und Darmstadt.»

Am Tag nach unserer Unterhaltung rief mich jener Pressefotograf nochmals an, der für deutsche Magazine immer scharfe, hell ausgeleuchtete Bilder schießen muss, und sagte: «Das wichtigste habe ich vergessen. Sie haben einen schlechten Geschmack.»

Tatsächlich wurde der Themenkomplex Kleidung-Stil-Esskultur von meinen Schweizer Gesprächspartnern auffallend häufig aufgegriffen. Auf den Umstand anspielend, dass bei uns selbst das Prekariat Espresso trinkt, fragte mich ein Kellner aus Zürich: «Weißt du, wo man in der Migros (das ist der Aldi der Schweiz, nur viel schöner) Kaffeefilterpapier findet? In der Abteilung Hardware für Deutsche.» Und wenn in der schicken Bar, in der er arbeite, abends um neun noch einer auf die hirnverbrannte Idee komme, einen Latte Macchiato zu bestellen, könne man sicher sein, dass es ein Deutscher sei. «Der hält sich dann für besonders mediterran.» Und wie sie «Latte» aussprechen! Da müsse er immer gleich an Fußball denken. Oder an Michelle Hunziker. Ein Freund kellnere bei einem der besten Italiener der Stadt. Dort habe ein deutscher Gast neulich eine Pizza Hawaii bestellt. «Fruchtsalat gibt's bei uns erst zum Dessert», habe der Freund geantwortet. «Und weißt du», fragte der Kellner, «wie ein Deutscher im Restaurant eine Auster öffnet? Er klopft auf den Tisch und brüllt: ‹Aufmachen!›»

Auf die per E-Mail gestellte Frage, was ihm spontan zu Deutschland in den Sinn komme, antwortete mir der Wirtschaftsredakteur einer Wochenzeitung (bei uns heißt es übrigens Redaktor, nicht Redakteur, schließlich sagt man auch Traktor und nicht Trakteur): «1. Schlechtes Essen. 2. Schlechtes Essen. 3. Schlechtes Essen.»

Mein Trauzeuge schrieb auf die gleiche Frage: «Gestern geschäftlich mit einer Deutschen telefoniert. Sie hatte eine sehr sexy Stimme.» Eine ziemlich eigenwillige und für meine Zwecke nicht eben nützliche Antwort. Das liegt wohl an einer gewissen monothematischen Fixiertheit meines Trauzeugen, der selber auch gerne einen Trauzeugen hätte, aber die hierfür notwendige Voraussetzung in Gestalt einer Braut ermangelt. Auf meine Nachfrage schrieb er: «Sie reden schnell. So schnell, dass manchmal ihr Hirn nicht mehr mitkommt. Grundsätzlich können sie aber unserem Land mit ihrem Tempo nur guttun. PS. Wenn sie etwas falsch machen, dann gründlich. Kein Volk trägt so hässliche Brillen.»

Damit es jetzt nicht einfach heißt, wir Schweizer seien halt oberflächliche Snobs, möchte ich die Aufmerksamkeit des Lesers kurz auf den Tagebucheintrag eines antiken Chronisten lenken, der schon vor zweitausend Jahren zu «Germanien» notierte: «Da ist ein ewiger Winter, ein finster Himmel, ein unfruchtbar Erdrich, kein Haus, sondern allein Hütten mit Blättern und Helmen bedeckt. Die Einwohner leben allein vom Gewild, ein übelbekleidet nackent Volk». Auch Niccolò Machiavelli befand im Jahre 1508 gewohnt unsentimental: «Die Deutschen machen für Kleider keinen Aufwand.»

Noch rasch zu dem von meinem Trauzeugen angeschnittenen Tempo-Thema. Die Mutter eines Kindergartenkindes berichtete mir von einem Elternabend. Sie wohnt in einer der besseren Gegenden Zürichs, was bedeutet: Wenn ein Drittel der anwesenden Erziehungsberechtigten aus Deutschland stammt, dann ist das keine wirkliche Sensation. Es ging um die Frage, ob die Kindergärtnerinnen Mundart oder Hochdeutsch mit den Kleinen sprechen sollen – beziehungsweise «Standardsprache», wie das im Akademikerbürokratendeutsch heißt. Noch bevor die Schweizer Eltern richtig Platz genommen hätten, seien die Deutschen bereits dazu übergegangen, die anderen Ausländer auf ihre Seite zu ziehen, um dann sofort eine Abstimmung durchzuführen. «Die Hände schnellten in die Höhe, *zägg, zägg, zägg* (zack, zack, zack), und schon war beschlossen, den Unterricht auf Mundart zu führen, damit, wie es hieß, ‹unsere Kinder sich rascher integrieren›.» Da half es auch nichts mehr, dass ein Schweizer Vater trocken bemerkte: «Aber mein Sohn kann schon Schweizerdeutsch.»

Des Weiteren rief ich meinen Billardpartner Fred an, den ich jeweils am Montagabend zu demütigen pflege, und bat ihn, mir ein paar Deutschenwitze zu erzählen. Fred arbeitet in der Versicherungsbranche und ist witzmäßig immer auf dem neusten Stand. Er könne mir leider nicht weiterhelfen, antwortete er. Die Deutschen eigneten sich nicht als Witzobjekt, dafür seien sie einfach nicht lustig genug. Schon gar nicht jene, mit denen er zusammenarbeite. Die seien humorlos. Und pedantisch. Würden immer um Punkt 17.00 Uhr ihren Computer ausschalten. Nie auch nur eine halbe Minute später. «Kein Wunder, haben sie den Krieg verloren, bei der Einstellung.»

Ich habe nicht im Sinn, an dieser Stelle die leidige Frage zu erörtern, wer weniger Humor besitzt, wir oder die Deutschen. Nicht dass ich mich vor solch schwierigen Fragen drücken würde. Es ist einfach nicht der Moment dazu. Gestern Abend sah ich mir im Schweizer Fernsehen eine der angeblich beliebtesten Unterhaltungssendungen im Land an. In zwölf Monaten Einzelhaft auf Guantánamo hätte ich öfters gelacht. Nach der Sendung fühlte ich mich so sterbenseinsam wie jene Helden aus Science-Fiction-Romanen, die eines Morgens aufwachen und feststellen, dass sie ganz allein auf der Welt sind. Ich setzte mich an den Computer und mailte meiner Lektorin in Hamburg, ob man die Stoßrichtung des Büchleins nicht ein wenig korrigieren könnte, ein bisschen mehr in Richtung Anti-Schweiz. Die Lektorin schrieb zurück, ich solle mich gefälligst zusammenreißen. Das hat sie natürlich nicht gemacht. Schließlich hat sie im Laufe unserer Zusammenarbeit realisiert, dass Schweizer nur in den seltensten Fällen positiv auf Anweisungen aus dem Ausland reagieren. In Wahrheit schrieb sie: «Das ist eine ausgezeichnete Idee, lieber Herr Ziauddin. Leider ...» Im Wesentlichen machte sie mir klar, dass sich die Deutschen mehr für ein Anti-Deutschen-Buch als für ein Anti-Schweizer-Buch interessieren würden.

Seid's ihr wirklich so masochistisch, liebe Detlefs? Das wäre ja ein nachgerade sympathischer Zug.

Roger Boyes, Deutschlandkorrespondent der *Times* und Kolumnist des *Tagesspiegel* befand sogar, Deutschland sei «ein faszinierend neurotisches Land, das sich für normal hält. Was das Land (und seine Frauen) so faszinierend macht, ist der permanente Selbstzweifel, diese Gereiztheit und latente Aggressivität.» Nun, wie ich in der Einleitung dargelegt habe, bin ich ein ausgesprochener Deutschland-Nichtexperte und somit keinesfalls befugt, das Urteil von Mister Boyes anzuzweifeln. Schließlich ist er ein ausgewiesener Krautologe, der seit über dreizehn Jahren im Land lebt – das ist mehr als doppelt so lange, wie der Zweite Weltkrieg dauerte! (Ich stehe sonst nicht so wahnsinnig auf diese Art von Scherzen. Aber wenn man über einen Engländer schreibt, der über Deutschland schreibt, was bleibt einem anderes übrig?)

Gereiztheit? Auch wenn das jetzt nun wirklich nicht in dieses Büchlein gehört: Auf meinen beiden letzten Deutschlandreisen waren die Leute tendenziell eher reizend nett. Aggressivität? Mag sein, und auf den Autobahnen, so habe ich mir sagen lassen, sei das ganz bestimmt so. (Ich bin der schlechteste Autofahrer der westlichen Hemisphäre, weswegen ich mich höchstens auf eine Auto*scooter*bahn traue.) Andererseits: Am Ku'damm in Berlin bleiben die Fußgänger doch tatsächlich bei Rot an der Ampel stehen und warten, bis es Grün wird! Selbst dann, wenn schon seit zwei Minuten kein Fahrzeug mehr vorbeigekommen ist. In Zürich würde man mit solch sonderbarem Verhalten die Zwangseinweisung in eine Klinik für Burn-out-Patienten riskieren. So brave, so disziplinierte – so unaggressive Fußgänger, die gibt es sonst nur in Pjöngjang, und das wohl auch nur noch so lange, bis sie dort diesen irren Despoten mit dem Mondgesicht verjagt haben. Bleiben die «permanenten Selbstzweifel». Schon möglich, dass sich die Deutschen damit herumschlagen. Allerdings, und wie bereits geschildert, setzen die in der Schweiz lebenden Exemplare alles daran, diese Selbstzweifel vor uns zu verbergen.

Eigentlich wollte ich auf etwas anderes hinaus: Kann es wirklich sein, dass die Deutschen ein neurotisches Volk sind? Ich dachte immer, Voraussetzung für diese Charakterqualität seien ein großes Maß an Phantasie und Einfühlungsvermögen. Letzteres deshalb, weil man sonst keine Katastrophenszenarien spinnen kann, im Stil von «Ich habe sofort gespürt, wie ihn meine Bemerkung gekränkt hat. Hoffentlich fährt er jetzt nicht nach Hause und erwürgt vor lauter Wut den Dackel und die Schwiegermutter. Er war schon als Kind sehr labil.»

Meine Schweizer Gesprächspartner berichteten mir jedoch von Begebenheiten wie diesen: «In meinem Stammlokal wird ein Fußballspiel auf Großleinwand übertragen. Kommt ein Typ herein und stellt sich genau vor mich hin, obwohl er einen halben Kopf größer ist und es links und rechts noch genug Platz hat. Ich tippe ihm auf die Schulter und sage: ‹Könnten Sie bitte ein wenig zur Seite stehen, Sie versperren mir die Sicht.› Er auf Hochdeutsch: ‹Tja, so bin ich nun mal.›» – «Ich stehe an der Tramhaltestelle, neben mir eine deutsche Mutter mit Kinderwagen. Als das Tram kommt, frage ich nett, ob ich ihr beim Einsteigen helfen solle. Sie schnauzt zurück: ‹Sehen Sie hier sonst noch jemanden?›» – «Wir sitzen zu zweit am Tresen und trinken ein Bier. Das Lokal ist ziemlich voll. Irgendwann kommen zwei deutsche Frauen und fragen freundlich, ob sie nicht rasch etwas bestellen können. Also machen wir Platz und warten, bis sie bedient werden. Nach ein paar Minuten merken wir, dass es sich die Frauen mittlerweile auf unseren Stühlen bequem gemacht haben. Ich gehe zu den beiden hin und erkläre ihnen, dass wir unsere Plätze gerne wiederhätten. Antwortet die eine: ‹Ladies first – kennt man das bei euch in der Schweiz nicht?›»

Dann gab es diesen weniger offensichtlichen Fall auf der Fahrt im Intercity von Basel nach Bern. Ein Zugbegleiter schiebt den Getränkewagen durch den Gang und ruft in flottem Hochdeutsch: «Kaffee oder Schokolade für den erfolgreichen Nachmittag?» – Allgemeines Schweigen. «Nein? Kollektive Konsumverweigerung?» Nun ist das fraglos eine eher originelle Art, Getränke und Snacks anzupreisen. Trotzdem kam der Auftritt der «Saftschubse», wie so ein Zugbegleiter in Deutschland offenbar genannt wird, bei den Reisenden nicht sonderlich gut an. Sind halt humorlos, diese *Schwitzer*, würde die naheliegende Erklärung lauten. Ich glaube, sie ist falsch. Nicht einmal unser Nationalkabarettist Emil hätte mit dieser Zug-Nummer Erfolg gehabt. Der Grund: Schweizer kommunizieren nicht mit einem Raum. Sie mögen keine öffentlichen Ansagen.

Nun ist das zuerst einmal weder gut noch schlecht. Es *ist* hier einfach so. Das Problem ist, dass der Saftschubse anscheinend das Gespür dafür abging, dass es bei uns nun mal so ist. Oder dass ihr das Gespür dafür nicht abging, sie sich aber darum foutierte, ob Schweizer diese Art aufzutreten für passend halten oder nicht. In dem Punkt sind wir schon sehr anders. So haben wir eine wahre Meisterschaft darin entwickelt, im Ausland nicht aufzufallen und uns bis zur Unkenntlichkeit anzupassen. Das können wir natürlich nur, weil wir andauernd registrieren, was um uns herum so abgeht, und weil es uns überhaupt nicht egal ist, was andere von uns denken. Vielmehr neigen wir dazu, jeglichen

Anlass für Kritik zu vermeiden und uns wegen jeder halbwegs in unsere Richtung gerunzelten Stirn schwer betupft zu fühlen. Meinetwegen kann man diese Mimosenhaftigkeit und diesen stets auf Standby geschalteten Empathie-Modus für übertrieben halten und für verkrampft. Doch wovon wir zu viel haben, davon haben die Deutschen zu wenig. Dabei muss es sich nicht einmal um bösen Willen handeln, siehe Saftschubse. Nein, manche können es einfach nicht besser. Sie bewegen sich mit einer gewissen Tapsigkeit, Ahnungslosigkeit, manchmal auch Trampelhaftigkeit durch fremdes Gehege, ohne überhaupt zu merken, dass sich alle nach ihnen umdrehen. Mit super maximal gutem Willen könnte man jetzt sagen: Manche Deutsche sind von einer erfrischenden Unbefangenheit – von einer unneurotischen Unbefangenheit.

Auch der Befund des Orthopäden über seine deutschen Arbeitskollegen und Konkurrenten zielte in dieselbe Richtung. Nur formulierte der Orthopäde sein Urteil etwas weniger freundlich. Schließlich war er an jenem Abend, an dem wir uns zum Kaffee trafen, offensichtlich entschlossen, seine Ausführungen zu den Landsleuten der Gattin nicht von super maximal gutem Willen leiten zu lassen. Er sagte: «Die Deutschen zeichnen sich durch eine maximale strategische Dummheit aus.» Vor einigen Monaten habe ein jüngerer ehrgeiziger Arzt aus einer mittelgroßen deutschen Stadt neu am Krankenhaus angefangen. Es sei offensichtlich gewesen, dass dieser Arzt auf den bald frei werdenden Chefposten in der Abteilung aspirierte. Um Chancen auf den Posten zu haben, hätte der Arzt Allianzen mit anderen Abteilungen schmieden müssen, insbesondere mit den Orthopäden. Und was machte er bei der ersten größeren gemeinsamen Sitzung? Nicht nur schnauzte er die eigenen Leute an, nein, er ließ den Chefarzt der Orthopädie wissen: «Bei uns hat man das aber nicht so gemacht.» Der Chefarzt, bei dem es sich um eine internationale Kapazität handelt und der lustigerweise selber ein Deutscher ist, erörterte dem jüngeren Kollegen geduldig, warum man das hier trotzdem so macht. Dieser beharrte aber auf seinem Standpunkt und verließ irgendwann genervt den Raum. Am nächsten Tag rief er den Chefarzt an und sagte: «Ich bin es nicht gewohnt, dass man mir widerspricht.» Bald darauf habe sich das halbe Krankenhaus über seinen dreisten Anruf das Maul zerrissen, und der Posten ging, obwohl er fachlich bestens qualifiziert gewesen wäre, an einen externen Bewerber. «Wer so in der Schweiz einfährt», grinste mein Orthopäde, «der macht hier nicht einmal Karriere als Wurstbrater.»

Roman, unser Fernseh- und Radiomoderator, hat folgende Erkenntnis von seinem WM-Intermezzo bei *Premiere* heimgebracht: «Ich weiß, dass ich nicht der ganz große Denker bin, sondern eher ein durchschnittlicher Typ. Aber von dem, was man gemeinhin emotionale Intelligenz nennt, glaube ich entschieden mehr zu besitzen als die Deutschen, mit denen ich zusammengearbeitet habe. In sechs Wochen Berlin hat mich kein einziges Mal jemand gefragt, wie es mir hier so geht. Sie sind rücksichtsloser, egoistischer und geben einem stets zu spüren: Du bist ein Konkurrent. Komplimente gibt's dort selten bis gar nie. Aber einen Zusammenschiss, den kannst du jederzeit haben.» Im Nachhinein komme es ihm reichlich naiv vor, dass er am ersten Arbeitstag zu jedem Mitarbeiter im Studio hingegangen sei, um ihm die Hand zu schütteln. Ein Johannes B. Kerner oder ein Stefan Raab, die würden die Mitarbeiter zur Begrüßung höchstens zusammenstauchen. Wenn aber die Scheinwerfer angehen, dann, zack, seien sie voll da und strahlten um die Wette. Sehr professionell; sehr divenhaft. «Wir beide hingegen, wir treffen uns hier in einer stinknormalen *Beiz* (Kneipe) und duzen uns sofort. Ich trage alte Jeans und ein verwaschenes T-Shirt. Ich glaub, der Kerner zieht sich nicht einmal so an, wenn er mit seinem Hündchen Gassi geht.»

Emotionale Intelligenz ist natürlich ein schöner Ausdruck. Schon Mitte der siebziger Jahre (als der Begriff noch gar nicht erfunden war) konnte die Wissenschaft nachweisen, dass wir Schweizer mehr davon besitzen als die Deutschen. Die Erkenntnis verdanken wir dem famosen Paul Parin, einem von Branchenkennern hoch verehrten Psychoanalytiker und Ethnologen. In seiner vom damaligen Zeitgeist nicht ganz unbeeinflussten Studie «Typische Unterschiede zwischen Schweizern und Süddeutschen aus dem Kleinbürgertum» kam er zu dem Schluss: Deutsche Mütter erziehen ihre Kinder viel konsequenter dazu, einen Wunsch in Worte zu fassen, während in helvetischen Mutter-Kind-Beziehungen dem Nonverbalen eine größere Bedeutung zukommt. Ich stelle mir das in etwa so vor: Wenn ein deutsches Kleinkind «Nane» sagt oder sogar «Banane», dann passiert gar nix. Die Mutter schaut nur streng und wartet, bis das Kind sagt: «Mutti, kann ich bitte eine Banane haben?» In der Schweiz hingegen reicht es schon, wenn die Kleinen aus zehn Meter Entfernung sehnsüchtig den Früchtekorb anschmachten. DENN UNSERE MÜTTER ERAHNEN EINFACH JEDEN UNSERER WÜNSCHE. Fragt sich nur, wieso dann, falls ich richtig informiert bin, die deutschen Kinder fetter sind als unsere.

Bei uns läuft also in der Kommunikation mehr zwischen den Zeilen ab, während bei den Deutschen jedes Anliegen «durchs Nadelöhr der Sprache» muss. Das ist natürlich exzellent formuliert, stammt aber nicht vom Parin, sondern von meinem lieben

Arbeitskollegen David. Von ihm hätte ich sehr gerne ein paar Sätze in meinem Büchlein drin gehabt. Leider verlief unser Gespräch gar nicht nach meinem Geschmack. Statt sich über die Deutschen lustig zu machen, machte sich David vor allem über uns Schweizer lustig. Irgendwann stellte sich heraus, dass er einst mit einer Frankfurterin liiert gewesen war. Die sei ziemlich schnippisch und forsch gewesen, meinte David. Das habe ihm ganz gut gefallen. Die Psychologen würden wohl sagen: Eindeutiger Fall von Identifikation des Opfers mit dem Aggressor.

Wussten Sie eigentlich, dass ich zu einer verschwindenden Minderheit gehöre? Obwohl ich Journalist bin, plagt mich immer das schlechte Gewissen, wenn ich nur die halbe Wahrheit erzähle. Im vorliegenden Fall lautet die andere Hälfte leider so: Paul Parin, obwohl Schweizer slowenischer Herkunft, fand diese Zwischen-den-Zeilen-Tour überhaupt nicht toll, weswegen er seine Landsleute auch nicht für allenfalls daraus erwachsende Kompetenzen belobigte, sondern sich voll auf die Seite der Deutschen schlug, denen er alles Mögliche attestierte: von der Fähigkeit, Gefühle klarer und differenzierter auszudrücken, bis hin zu einer höheren Leistungsfähigkeit in Situationen hoher psychischer Belastung. Auch wenn der Mann ein Monument ist, erlaube ich mir nochmals, darauf hinzuweisen, dass die Studie mehr als dreißig Jahre alt ist. Verdammt lang her.

Ich glaube, heutzutage ist der Deutsche eher verweichlicht. «Euro 08: Deutsche Cops wollen gemütlich schlafen», titelte beispielsweise unsere *Sonntagszeitung*. In dem Artikel ging es um den erstaunlichen Umstand, dass die Schweizer Polizisten, die bei der Fußballeuropameisterschaft im Einsatz sind, auf Pritschen in Zivilschutzräumen nächtigen werden. Die deutschen Kollegen hingegen, die unseren Mannen während des Turniers zur Seite stehen, haben gemäß «Leitlinie 150» ihres Bundesinnenministeriums Anrecht auf ein Viererzimmer mit Dusche. Oder nehmen wir den bereits vor vielen Seiten angekündigten Vorfall, in den Roman verwickelt war: Anfang letzten Jahres saß er in der Jury einer Castingsendung des Schweizer Fernsehens, in der es um die Entdeckung helvetischer Popstars geht. Die Sendung funktioniert genau gleich wie jene auf RTL mit Dieter Bohlen[+]. Dies war wohl der Grund, wieso unser Fernsehen ebenfalls einen deutschen Lautsprecher in der Jury dabeihaben wollte. Man entschied sich für Detlef D! Soost. Den Lesern, die, wie meine Frau, einen beeindruckenden akademischen Titel erworben haben, aber dennoch ihre Freizeit damit verbringen, in der *Gala* zu blättern oder keine im TV gezeigte Proletenshow zu verpassen, jenen Lesern braucht der Mann, der tatsächlich ein Ausrufezeichen in seinen Namen eingebaut hat, nicht näher vorgestellt zu werden. Den anderen, den Prinzipienfesten, denen, die sich einmal pro Woche einen Themenabend auf Arte gönnen und sich am Morgen von Radio Humboldt wecken lassen, denen kann ich auch nicht weiterhelfen. Detlef D! Soost ist einfach sehr fernsehberühmt. Und sehr groß. Und sehr laut.

Roman und Detlef sitzen also in dieser Castingshowjury. Man spottet, man frotzelt, man giftelt, Woche für Woche, wie das halt der Sinn der Sendung ist. Und am Schluss gibt der Detlef jeweils noch einen drauf. Zum Beispiel, indem er zu einem jungen Kandidaten sagt: «Ich könnte eine Rolle Klopapier auf die Bühne schmeißen, damit du dir die Scheiße vom Mund abwischen kannst, die du da laberst.» Eines Tages fordert der Redaktionsleiter

---

+ Bohlen, «das singende Solarium», wie ein Kollege unübertroffen dichtete.

die Juroren auf, sich auch untereinander ein wenig härter anzufassen, man wolle schließlich, dass über die Sendung gesprochen werde. Also sagt Roman in der nächsten Sendung zu Detlef, der kurz hintereinander zweimal Vater geworden war: «Du stichst bereits wieder zu, wenn der Mutterkuchen noch halb drin ist.» Detlef war offenbar nicht darauf vorbereitet, dass sich ein braver Schweizer auf sein Niveau verirrt und tat das, was ihm niemand zugetraut hätte: Er schwieg.

Auch in der folgenden Woche hörte Roman nichts von seinem Jurykollegen. Kurz vor der nächsten Sendung wurde er dann vom Redaktionsleiter ins Besprechungszimmer zitiert. Dort saß der Detlef mit seinem Manager. Und der Manager sagte zu Roman: Er möge bitte in Zukunft seinen Ton mäßigen. Roman: Es habe doch geheißen, man solle sich gegenseitig ein wenig anpöbeln. Manager: Aber nicht so primitiv, das sei nicht gut für ihn, Roman. – Wieso nicht? Weil es sonst passieren könne, dass ihm der Detlef vor laufender Kamera eine runterhaue. Nach der Sendung fragte Roman den Zweimeterdetlef, wieso er ihm dies nicht gleich selbst unter vier Augen mitgeteilt habe. Dieser murmelte bloß etwas von «offiziellem Weg». Und darum ist Roman zum Schluss gekommen: «Große Klappe, kleine Eier.»

Wobei jetzt nicht der Eindruck entstehen darf, dass Roman prinzipiell etwas gegen Deutsche hat, im Gegenteil. Sich an seine Teenager-Urlaube auf Mallorca erinnernd, schwärmt er: «Wenn du sechzehn, siebzehn bist, dann sind deutsche Mädels das Beste, was es gibt. Sie sind weniger scheu als Schweizerinnen in dem Alter. Einmal am Sangria-Kübel nippen lassen, und schon kannst du die Zunge reinhalten. Mit denen hatte man es immer lustig, und doch waren sie ein klein wenig zivilisierter als die Engländerinnen. Meinem Sohn würde ich das jederzeit empfehlen.»

Ähnlich oder verschieden? Natürlich habe ich diese Frage auch mit meinem Freund Tom erörtert, und zwar bei einem feurigen Fischcurry im Restaurant Kerala. Das Lokal hatte ich mit Absicht ausgesucht, damit es nach Veröffentlichung dieses Büchleins in Deutschland nicht heißt, in Zürich könne man nur Pizza essen und Schpagedi all arabata. Tom ging wieder mal weiter als die anderen und sagte doch tatsächlich: «Für mich sind die Deutschen *aliens*. Okay, ein Teil unseres Landes spricht zufälligerweise mehr oder weniger die gleiche Sprache. Aber sonst?» Es folgte ein längerer, leidenschaftlicher Vortrag über die völlig konträren historischen Erfahrungen – hier ein 160 Jahre alter, territorial und politisch ultra beständiger, nie in kriegerische Handlungen verwickelter Bundesstaat; dort eine disparate Ansammlung von Fürstentümern, aus denen «dank dem doofen Bismarck» innert weniger Jahrzehnte eine grotesk überambitionierte Großmacht geworden sei, die zwei Weltkriege vom Zaun gebrochen habe und deren Staatsgebiet im Lauf der Geschichte ähnlich instabil gewesen sei wie das Körpergewicht von Joschka Fischer, der «immer entweder zu fett oder zu mager ist».

All das führe zum Beispiel dazu, dass die öffentlichen Diskussionen in den beiden Ländern sehr unterschiedlich abliefen: in Deutschland hoch moralisch, bei uns ohne historisches Schuldbewusstsein. Wir seien immer nur ein auf äußere Umstände reagierendes Volk von Sekundärtätern und Sekundärhelden gewesen, nie eines, das den Lauf der Welt aktiv beeinflusst habe. Daher könne es sich bei uns der Normalbürger leisten, ohne schlechtes Gewissen Dinge laut zu sagen – zum Beispiel «mir hat es hier zu viele Ausländer» –, für die man in Deutschland sofort mit der historischen Moralkeule erschlagen würde. Bei uns, ging mir durch den Kopf, sagt man im Militärdienst sogar KZ für Krankenzimmer, ohne dass sich jemand etwas Böses dabei denkt. In Deutschland wäre das – diese Behauptung darf hier gewagt werden – so nicht möglich.

Abschließend dozierte Tom über «unsere Mischexistenz» mit französischen und italienischen Einflüssen, die sich mit einem «alpinen Charakter» paarten, was zu völlig anderen Befindlichkeiten führe als in Deutschland, nicht nur die Sprache betreffend, sondern auch in der Alltagskultur, bei ästhetischen Fragen oder den kulinarischen Vorlieben. Für uns seien Gnocchi oder eine Bouillabaisse nichts Exotisches, für viele Deutsche aber «so frivol wie der Besuch eines Stripteaselokals». Nein, schloss Tom, «die Deutschen sind mir nicht weniger fremd als die Franzosen oder Italiener».

Ich glaube, es wäre jetzt an der Zeit, den Eindruck, den ich bisher von Tom vermittelt habe, ein wenig zu korrigieren: Neulich saßen wir bei Viktor, dem besten Wirt Zürichs, am Tresen und tranken eine *Stange*, also ein Bier. Aus den Lautsprechern ertönten sentimentale kubanische Klänge, draußen ging ein warmer Wind, und Tom sagte: «Für einen netten Deutschen hat es bei uns in der Schweiz immer ein Plätzchen.» Ich fragte ihn, wie er das meine. Ich weiß nicht, ob Tom, dessen persönliche Kohärenzkurve ab der dritten *Stange* jeweils steil nach unten verläuft, meine Frage gehört hatte. Er antwortete: «Neulich wurde ich von einem jungen deutschen Pärchen, Typ Hannelore und Detlef, nach dem Weg zum Bahnhof gefragt. Die beiden waren so herzig! Eine große Zärtlichkeit überkam mich.»

«Aha.»

«Und habe ich dir schon erzählt, dass ich mit Susanne wandern war? Oben im Bergrestaurant angekommen, bestellte sie eine Suppe. Die Suppe war kalt. Aber Susanne traute sich nicht zu reklamieren. Weil sie nicht als ‹deutsche Motztüte› dastehen wollte. Sind wir Schweizer wirklich so schlimm?»

«Hm.»

«Ich habe mich auf jeden Fall fast ein wenig geschämt. Weißt du, damals in den achtziger Jahren konnte man jeden Deutschen, der ins Land kam, einzeln integrieren. Das geht heute leider nur schon aus zeitlichen Gründen nicht mehr.»

Dann kam Tom auch noch auf seine alte Bekannte Nina zu sprechen, die aus Köln stammt. «Vielleicht sollte ich Nina heiraten und mit ihr eine Familie gründen. Die einzige Frage, die mich quält: Gibt's dann deutsche oder Schweizer Kinder?»

Nun ist der Moment unausweichlich gekommen, wo die Deutschen auch mal am Zug sind. Machen wir doch grad ein eigenes Kapitel draus. Dann sieht es nach mehr aus:

Zusammenleben II

«Schweizer? Ein feiges, verlogenes, verschlagenes Pack»

Ursprünglich wollte ich diesen Abschnitt mit den Aussagen einer Ärztin aus Baden-Württemberg beginnen, die am Berner Inselspital arbeitet. Schließlich heißt es, der deutsch-schweizerische Kulturkampf tobe nirgends heftiger als an unseren Krankenhäusern und Universitäten. Wobei ich jetzt gar nicht mehr sicher bin, ob in letzterem Fall das Possessivpronomen «unsere» noch angebracht ist. Letzten Winter wurden an der Universität Zürich acht neue Professoren gewählt. Alle acht kommen aus Deutschland. Und weil deutsche Professoren anscheinend auch im Ausland von möglichst viel Heimat umgeben sein wollen, nehmen sie ganz gerne ihre gesamte Abteilung aus Bonn, Homburg, Bochum usw. mit, weshalb es hier Institute gibt, in denen von zwanzig Mitarbeitern noch zwei Schweizer sind und der Rest Landsleute des Professors. Ein befreundeter Historiker, der sein Büro an der Uni Zürich mit vier deutschen Wissenschaftlern teilt, kommentiert das so: «Das Gute ist, dass ich im Ausland arbeite und nicht umziehen muss.»

Vor einigen Monaten war ich Gast auf einer Promotionsfeier. Die Ansprache wurde vom deutschen Dekan gehalten, die Urkunden vom deutschen Vizedekan übergeben, und der «doctor in spe» (Zitat Dekan), der stellvertretend für alle anderen «doctores in spe» (Zitat Dekan) seine Dissertation vorstellte, war ebenfalls Deutscher. Das hatte den Vorteil, dass seine Präsentation gekonnter und lockerer daherkam, als es bei einem Einheimischen wohl der Fall gewesen wäre. Und den Nachteil, dass am Schluss der Präsentation eine Art semi-pastorale Fürbitte für die Leidgeprüften dieser Erde erfolgte. Namentlich erwähnt wurden Burma, Darfur und die Palästinenser. Tel Aviv hingegen mit seinen vielen Metalldetektoren, welche die dortigen Studenten davor bewahren sollen, als Leichen aus der Diskothek heimzukehren, ging bei der Fürbitte irgendwie vergessen. Der erste Nichtdeutsche, der auf der Promotionsfeier eine Rolle spielte, war Mozart in Form einer Klaviersonate. Später las der Dekan noch etwas vor, das wie Finnisch oder Sanskrit tönte, sich jedoch als Schweizerdeutsch entpuppte. Der Dekan entschuldigte sich bei den anwesenden Eingeborenen für seine mangelhafte Beherrschung des Eingeborenenidioms. Das wäre jetzt wirklich nicht nötig gewesen.

Mein Plan war es, die Ärztin aus Baden-Württemberg über die Schweizer Arbeitskollegen lästern zu lassen sowie ihr in sanft sadistischer Absicht zu entlocken, was die Schweizer ihrerseits an Gemeinheiten so sagen und tun. Vor dem Haupteingang der Klinik, in der die Ärztin arbeitet, waren zwei deutsche Limousinen mit deutschen Kennzeichen … meinetwegen: geparkt. Bei uns heißt es nämlich parkiert. So wie es hier grillieren heißt und nicht grillen. Letztere lassen wir lieber in unserer schönen, unberührten Schweizernatur zirpen. Jedenfalls ließ mich der Anblick der D-Limousinen dem Interview mit der Ärztin voller reportermäßiger Vorfreude entgegenblicken. Es handelte sich übrigens um jene Frau, die beobachtet hatte, dass manche Patienten nach dem Aufwachen aus der Narkose keine Reaktion zeigen, wenn sie auf Hochdeutsch angesprochen werden. Sondern erst, wenn man Schweizerdeutsch mit ihnen redet.

Das Interview begann vielversprechend. Als Erstes erzählte mir die Ärztin, dass bei Operationen manchmal nur ein einziger Schweizer anwesend sei. Diesen hänsle man dann, indem man ihn mit «Hier kommt unser Quotenschweizer» begrüße. Ansonsten wurden meine hohen Erwartungen jedoch nicht ganz erfüllt. Darum sei alles Weitere so knapp wie möglich zusammengefasst: Nein, sie hat sich hier noch nie unwillkommen gefühlt, nein, sie hat keine Konflikte mit ihren Schweizer Kollegen, nein, sie hatte von Anfang an keine Probleme, Freundschaften zu schließen, nein, sie wurde noch nie in einem Geschäft oder auf der Straße unfreundlich angegangen, nein, sie erlebt die Schweiz trotz Wohlstand und Sauberkeit nicht als spießig («ich muss ned in Hundescheiße treten, um mich in einer Stadt wohl zu fühlen»). Und nein, sie möchte nicht zurück nach Deutschland. Nie mehr.

Ich habe dann noch etwas weitergebohrt, fast wie beim Zahnarzt. Und die Ärztin, da es ihr ein wenig peinlich war, mir nicht weiterhelfen zu können, hat angestrengt überlegt, ob sie nicht doch noch etwas zu meinem Büchlein beitragen könnte. Irgendwann sagte sie: «Was mir manchmal negativ auffällt, ist der erhobene Zeigefinger. Zum Beispiel beim Autofahren. Schweizer fahren ja eigentlich generell paralysiert. Wenn fufzig erlaubt sind, fahren sie achtundvierzig oder statt achtzig bloß fünfundsiebzig. Des nervt wirklich tierisch. Und wenn man von hinten kommt und ganz normal innerhalb der Geschwindigkeitsgrenzen überholen will, gehn's ned auf die Seite, auch wenn rechts frei ist. Wenn man dann endlich überholen kann, dann kommt sofort der Zeigefinger.» Ich kann dazu nur zwei Dinge sagen. Erstens: So macht Kritik Spaß. Zweitens: Mich hat die Frau ganz bestimmt nie überholt. Denn ich traue mich so gut wie nie auf die linke Spur. Und schon gar nicht könnte ich es mir bei meinem fahrerischen Können leisten, eine Hand vom Steuerrad zu nehmen, um den Zeigefinger in die Luft zu recken.

Natürlich habe ich irgendwann auch mit meinem alten Bekannten Holger gesprochen, den es in einem entfernten Jahrzehnt aus Bielefeld in ein Städtchen in der Zentralschweiz verschlagen hatte. Ich war davon ausgegangen, Holger habe bei uns schon dermaßen Wurzeln geschlagen (von Moos angesetzt kann noch keine Rede sein, so alt ist er auch wieder nicht), dass er die Diskussionen um seine scharenweise einwandernden Landsleute mit größter Gelassenheit verfolgt. Dem war nicht so. Holger macht grad eine Anti-Schweiz-Phase durch. Sehnsüchtig erinnert er sich an die gute alte Zeit, als sein Hochdeutsch hierzulande ein Wettbewerbsvorteil war. Bei den Mädchen zum Beispiel. Oder an der Uni. «Wenn ich etwas gesagt habe, dann war der Saal ruhig.» Darum sei es ihm auch nie in den Sinn gekommen, «Schwitzertütsch» zu lernen. Er schafft es, das Wort auch nach einem Vierteljahrhundert Schweiz noch immer so auszusprechen, als sei er erst gestern aus Nordrhein-Westfalen zugezogen. Heute ist alles anders. Holger – er ist Journalist – hat sogar einen Job beim Radio nicht bekommen, weil man keinen Deutschen am Mikrophon wollte. Dabei hatte er extra noch geübt: Nicht «teeglich» sagen, sondern «täg-lich»; die Vokale schön dunkel sprechen, als kämen sie direkt aus der Tropfsteinhöhle; das r kräftig rollen, «Flurrr», nicht «Flua»; all die anderen Töne so weit hinten wie möglich bilden, irgendwo zwischen Speiseröhre und Solarplexus. Hat alles nix genützt.

Es ist halt schon so: Auf allzu deutsch tönendes Radio und Fernsehen reagieren hier viele Leute sensibel bis übersensibel. Den Abgang einer Schweizer Nachrichtensprecherin mit gepflegt-germanischer Intonation bejubelte eine Hörerin so: «Ich finde überhaupt Bühnendeutsch oder Deutsch aus Deutschland blöd. Es soll doch jeder sein Lokalkolorit in die Hochsprache mit einbringen. Oder ist es eine Schande, seine Heimatsprache zu lieben?»

Doch nicht nur im Job bläst Holger ein schärferer Wind entgegen. Aufgrund der, wie er es nennt, «Massierung von Deutschen» erlebt er den Kontakt zu Schweizern in letzter Zeit als nicht mehr so unbefangen und «ein bisschen angestrengt». Wenn er das Maul aufmache, gingen beim Gegenüber die Schultern hoch, und es komme so ein komischer Blick, der besage: «Schon wieder einer von denen.» Dann beobachte er sich dabei, wie er sich um eine gute Stimmung bemühe, im Stil von: «Ich bin zwar Deutscher, aber eigentlich ganz okay.» Wieder gerät Holger ins Schwärmen von den alten Zeiten: Als er ins Gymnasium kam, sei er an der ländlichen Schule der einzige Deutsche und fast der einzige Ausländer gewesen. «Es gab noch einen schwarzen Schweizer, ein Adoptivkind. Ich war fast spezieller.»

Aber klar, es sei keineswegs so, dass man als Deutscher heute andauernd und früher gar nie Probleme gehabt habe. «Vielleicht bin ich einfach in meiner Eitelkeit gekränkt, weil ich meinen Exotenstatus verloren habe.» Holger erinnert sich an einen Skitag an seinem in einer Wintersportregion gelegenen Gymnasium. Weil in seiner Klasse alle ausgezeichnet Ski fuhren und er miserabel, wollte niemand mit ihm an den Skilift. Er sei so ungelenk gewesen, dass er die anderen ständig vom Liftbügel geboxt habe. Also musste er meist mit Fremden hochfahren. Einmal sagte ein älterer Mann zum schweigenden Holger, heute habe es wieder mal *huere vil Schwabe* (verdammt viele Deutsche)[+] auf der Piste. Nach der auf Hochdeutsch erfolgten Antwort «Ja, die gehen mir auch auf den Geist» sei die Stimmung auf der Fahrt zum Gipfel ziemlich frostig gewesen.

Holger versteht nicht, was an Deutschen und Schweizern so verschieden sein soll. «Die Unterschiede», findet er, «sind auf jeden Fall kleiner als zu anderen Ausländergruppen, die hier sehr viel besser akzeptiert werden.» Er glaubt, der bisweilen aufflackernde «Deutschenhass» sei nicht zuletzt «versteckter Selbsthass». Letztlich gehe es doch um die Abgrenzung von einer Nation, die einem sehr viel näher stehe, als einem lieb sei. «Auf den Deutschen – gleiche Hautfarbe, gleiche Frisur, gleiche Mentalität – lässt sich am besten projizieren, was man an sich selbst am wenigsten ausstehen kann: Das Spießige, den Arbeitswahn, die Biederkeit – alles Uncoole dieser Welt halt. Man muss nicht Freud heißen, um den reinigenden Effekt einer derart gelagerten Ablehnung zu begreifen.»

Das Prinzip der Meinungsfreiheit wird hierzulande sehr ernst genommen. Wir sind ein tolerantes, fast möchte man sagen: ein *huere* tolerantes Volk. Auch mir persönlich ist es ein Anliegen, dass Andersdenkende ihre Gefühle und Gedanken ungehindert äußern können. Andererseits: Dies ist mein Büchlein und nicht

+ Das adverbial verwendete *huere* kommt nicht etwa vom Wort Hure, sondern von «ungeheuer». Es ist ein veritables Kleinod mundartlicher Sprachkultur und in jeder Lebenslage verwendbar: von *huere* schlimm bis *huere* schön.

das von Holger. Deswegen erlaube ich mir, obigen Aussagen einige ergänzende/klärende/versachlichende Erläuterungen hinzuzufügen. Ich gehe davon aus, dass zumindest die Bürger der ehemaligen DDR ein gewisses Verständnis für dieses Prinzip der gelenkten Meinungsfreiheit aufbringen.

Zu unserem angeblichen «Deutschenhass». Natürlich finden sich auch bei uns, wie überall auf der Welt, irgendwelche Idioten, die irgendetwas oder irgendwen hassen: Offroader oder Fahrradfahrer, Schwarze oder Weiße, den FC Basel oder den FC Zürich oder eben Deutsche. Alles in allem sind wir aber ein Volk, das nicht für extreme Emotionen gemacht ist. Wie in diesem Büchlein wiederholt dargelegt, macht es mehr Sinn, von Empfindlichkeiten, Allergien, Rivalitäten, Antipathien und Sympathien zu reden. Jawoll, auch von Sympathien. Anders lässt sich kaum erklären, dass über 20 000 Schweizerinnen und Schweizer mit einem Menschen aus Deutschland verheiratet sind.

«Gleiche Hautfarbe, gleiche Frisur, gleiche Mentalität»: Eine gewagte Aussage! Nur schon, was die Hautfarbe betrifft, bin ich mir nicht so sicher. Jedenfalls habe ich in keiner deutschen Stadt je annähernd so viele perfekt gebräunte Studenten gesichtet, wie sie sommers in den diversen Fluss- und Seebadeanstalten von Zürich zu Aberhunderten posieren. Umgekehrt bekommt man hierzulande dieses satte Urlaubsrot – der Fairness halber sei präzisiert: dieses satte anglo-germanische Urlaubsrot nur selten zu Gesicht. Gleiche Winterfarbe: meinetwegen. Das Thema Frisur wurde bisher noch nicht angeschnitten. Verwandte Themen aber schon, weshalb es den aufmerksamen Leser nicht mehr zu überraschen vermag, wenn ich behaupte: Trägt eine Person, die durch eine Schweizer Innenstadt schlendert, eine sechsfarbige Nylonjacke, Vollbequemschuhe und auf dem Kopf, statt einer

Frisur, eine rot gefärbte Igel-Attrappe, dann handelt es sich mit hoher Wahrscheinlichkeit nicht um einen Einheimischen, sondern eben ...

Selbst wenn wir das Feld der Ästhetik verlassen, um durchs sumpfige Terrain der Physiognomik zu waten, offenbaren sich gewisse Unterschiede, wie der langjährige Direktor des Theater Basel, der aus Thüringen stammende Michael Schindhelm, erfahren musste. In seinem überaus charmanten Buch *Mein Abenteuer Schweiz* schildert er, wie er vor dem Start in seine erste Saison in Basel Plakate für die Abonnementswerbung herstellen ließ, auf denen Menschen in stark emotionalem Zustand abgebildet waren. Da der beauftragte Fotograf aus dem Ruhrgebiet gewesen sei «und sich vielleicht Schweizer in einem stark emotionalen Zustand ohnehin nicht vorstellten konnte», habe er Wrestling-kämpfe in Dortmund und Bochum besucht und dort Aufnahmen von erregten Zuschauern gemacht. Die Reaktion der Basler: So sehen wir nicht aus! Das sind Deutsche! «Ich gebe zu, konsterniert gewesen zu sein», schreibt Schindhelm. «Waren wir wirklich ein so hässlicher Menschenschlag?»

Zur Mentalitätsfrage. Bringen wir zuerst den langweiligen Teil hinter uns und halten fest: Klar sind uns die Deutschen mentalitätsmäßig näher als, sagen wir, die Japaner. Wobei das jetzt möglicherweise bereits ein unglückliches Beispiel war. Ein Bekannter aus Frankfurt meines lieben Arbeitskollegen David hat nämlich lange Zeit in Japan gelebt, bevor er in die Schweiz gezogen ist. Er glaubt, frappante Parallelen festgestellt zu haben: Zum Beispiel sage ein Schweizer kaum je nein, da er niemanden brüskieren wolle. Was aber nicht heiße, dass er nicht knallhart sein könne. «Wie der Klischee-Asiat, der immer nickt und lächelt, aber hinterm Rücken mit dem Klappmesser spielt.» Dann gab es den Fall jener Graphikerin aus Berlin, die aufgrund eines Jobangebots nach Zürich gezogen war. Sie fand es toll hier, hielt ihre Schweizer Arbeitskollegen allesamt für so nett und sanft und einfühlsam – «fast weiblich». Bis sie ohne Vorwarnung entlassen wurde. So etwas ist natürlich immer ein Schock. Aber den Schweizern, denen hätte sie eine solche Gemeinheit zuallerletzt zugetraut. Sie hat dann mit hier ansässigen Landsleuten gesprochen, und die hätten ihr bestätigt, dass man sich keinesfalls von der harmlosen Fassade des Schweizers täuschen lassen dürfe[+]. Eine aus Ostdeutschland zugezogene PR-Beraterin soll ihr sogar gesagt haben – auch wenn ich das kaum glauben kann –, wir seien ein «feiges, verschlagenes, verlogenes Pack».

Deutsche hingegen, so waren sich die meisten meiner Gesprächspartner einig, seien konfrontativer, unverblümter, scheuten sich weniger, mit einer unpopulären Meinung anzuecken. Und längst nicht alle Schweizer fanden das schlecht. Ein Filmemacher aus Zürich, der seit acht Jahren in Berlin lebt, erinnerte sich an seine anfängliche Überforderung, wenn er bei einem Nachtessen eine Meinung äußerte und der Tischnachbar, den er noch keine fünf Minuten kannte, antwortete: «Quatsch, das stimmt doch nicht.» In der Schweiz wäre so etwas eine Art Kriegserklärung, die besagt: «Ich finde dich das Allerletzte.» Mittlerweile, sagte der Filmemacher, «schätze ich die Direktheit der Deutschen extrem. Du weißt viel schneller, woran du bist.» Was er hingegen weniger schätzt: diesen Bierernst, von dem alles und jedes sehr rasch durchdrungen sei. Letzten Sommer veranstaltete

---

+ **Einer unserer großen Dichter, Robert Walser, prägte für diese helvetische Form des Understatements den Begriff** *heimlifeiss.*

ein Freund von ihm eine Kissenschlachtparty. Wie es sich für so ein originelles Berlin-Happening gehört, waren lauter junge, coole, kreative Hauptstädter zugegen. Der Filmemacher freute sich, ein wenig herumzualbern (das *Chalb* zu machen, wie wir sagen) und fremde Menschen mit Kissen zu beschmeißen. Doch bald einmal merkte er: Die Partygäste gingen mit großen Ernsthaftigkeit aufeinander los. «Dabei war das doch bloß ein Jux-Wettkampf. Aber in Deutschland geht es halt ständig ums Gewinnen. Diese Haltung geht mir manchmal ziemlich auf den Sack.»

Das ist fraglos etwas vom Lustigsten, das mir für dieses Büchlein erzählt worden ist: Szenevolk, das sich mit oliverkahneskem Furor in eine Kissenschlacht stürzt! – Mein Daunenkampf. Ob es wohl Verletzte gegeben hat? Ich stelle mir die Schlagzeile in der *Berliner Zeitung* vor: «Videokünstler nach Kissenschlacht im Koma – Täter ein Techno-DJ?» Auf jeden Fall wage ich die Behauptung: So was ist mentalitätsmäßig einmalig auf diesem Planeten.

Dies nur so als kurzer Einschub im Sinne einer Versachlichung der Diskussion. Kehren wir zurück zu Holger und hören uns an, was er sonst noch auszusetzen hat. Aus den bereits genannten Gründen sei er derzeit ein wenig dünnhäutig, sagt Holger, weswegen ihm sogar die Hänseleien seiner Schweizer Freunde mächtig auf den Zeiger gingen. Ich weiß nicht mehr, ob er tatsächlich «Zeiger» gesagt hat. Jedenfalls ist mir aufgefallen, dass die Formulierung «das geht mir schwer/mächtig/tierisch auf den: Wecker/Zeiger/Geist/Senkel/Sack» sich unter Deutschen und angedeutschten Schweizern großer Beliebtheit erfreut. Am meisten auf den Wecker/Zeiger/Geist/Senkel/Sack geht ihm: «Dass man mir als Deutschem dauernd so 'ne Kulturlosigkeit unterschiebt, die ich schon lange nicht mehr hab.» Hat dieser Wein Korken?

Wie will denn das – hihi – der Holger beurteilen! – Diese Suppe schmeckt ausgezeichnet. Hat die der Holger – haha – wirklich selber zubereitet? Und wie er – höhö – Saint Emilion ausspricht! Unglaublich mühsam sei es auch in den Ferien: Er kenne ja praktisch keine Deutschen mehr und fahre immer mit Schweizern in die Ferien. Dort darf er sich dann Sprüche anhören wie «Schau mal, das Proll-Pärchen dort drüben, das sind Landsleute von dir». Oder: «Was nehmen wir zum Dessert? Holger bestellt bestimmt *tutti frutti*.» Das seien so die Witze, die Schweizer machen. «Dabei hab ich in meinem Leben noch nie *tutti frutti* gesagt.»

Wie er so dasaß und klagte und schimpfte, begann ich die Schweizer schon fast selber blöd zu finden. Einerseits. Andererseits: Hatte Holger, der erst im Alter von sechzehn Jahren in unser gepflegtes Land gekommen war, nicht wörtlich gesagt: «Es nervt, dass man mir dauernd so 'ne Kulturlosigkeit unterschiebt, die ich schon lange nicht mehr hab»? Schon lange NICHT MEHR. Wie das wohl gemeint war?

Am nächsten Abend traf ich mich mit einem Restaurator aus Garmisch-Partenkirchen, der ebenfalls schon länger in der Schweiz lebt. Doch im Unterschied zu der von Holger ist seine Schweizlaune nach wie vor tipptopp. Wenn nur nicht so viele Deutsche hierherziehen würden! Der Restaurator, der in Zürich wohnt und mit einer Bernerin verheiratet ist, sagte Dinge wie: «Die, von denen ich zu Hause die Nase voll hatte, sind jetzt auch hier.» Oder: «Ich habe Sitzfleisch bewiesen und mir meine Stellung hart erarbeitet.» Die Deutschen, die in den letzten ein, zwei Jahren ins Land gekommen seien, würden dagegen von Beginn weg mit einem ganz anderen Selbstbewusstsein auftreten. Manchmal fühle er sich «wie eine altgediente Feministin, die zusehen muss, wie die Mädchen von heute gedankenlos die

Früchte früherer Mühen ernten». Löblich dagegen das Verhalten der Ossis auf dem Bau: «Eins a trainiert, willig zu arbeiten, passen sich an.» Jetzt warf ihm seine Frau einen strengen Blick zu. In der Schweiz, fuhr er ungerührt fort, gehe es viel menschlicher zu und her als in Deutschland. Man könnte auch sagen: konfliktscheuer, widersprach sie. Sehr viele Dinge, sagte er, seien hier einfach besser geregelt. Er übertreibe mal wieder, fand sie. In den letzten Jahren, insistierte er, sei ihm zweimal der Führerschein gestohlen worden – in der Schweiz habe es zehn Minuten gedauert, um einen neuen zu bekommen, in Deutschland sechs Wochen. So etwas könne man doch nicht verallgemeinern, gab sie zu bedenken. Und Zürich, ließ er sich nicht beirren, sei eine super Stadt. Wenn man die Einwohner auswechseln würde, bemerkte sie spitz. In der Schweiz, wechselte er das Thema, sei die 6 die höchste Schulnote und die 1 die tiefste. «In Deutschland ist es bekanntlich umgekehrt: Die kleinste Zahl als Ausdruck einer Bestleistung – das sagt doch alles.»

Der Restaurator, so realisierte ich am nächsten Tag, hatte etwas gemacht, das viele alteingesessene Schweiz-Deutsche machen: über die neu eingewanderten Landsleute herziehen. «Die nehmen mir ein bisschen was von meiner Schweiz weg, in der ich mich ganz allein zurechtgefunden habe», sagt ein Informatiker. «Einfach nur ätzend», faucht eine Werbetexterin. Eine Journalistin des Zürcher *Tages-Anzeiger* schreibt: «Die Invasion der eigenen Landsleute lässt uns Deutsche in der Schweiz zusammenzucken. Da hätten wir ja gleich zu Hause bleiben können. Letztes Jahr kam Nachschub, 15 000 an der Zahl, 15 000-mal kantiges Hochdeutsch, 30 000-mal teutonische Ellenbogen.» Sibylle Berg, Schriftstellerin aus Weimar, formuliert es so: «Ich erinnere mich, dass ich, als ich hierherkam, jahrelang keine Deutschen traf, und offen gestanden war ich froh darum, denn Deutschland war ja das Land, das ich mit großem Gerne verlassen hatte. Nicht wegen der netten Berge, der freundlichen Kühe und der überbordenden Mietpreise war ich gekommen, sondern weil ich mich mit dem, was für mich als Ausländer das Land auszeichnete, so zu Hause fühlte. Mit der Schweizer Zurückhaltung, der Sorgfalt, dem etwas Schrulligen der Bergbewohner, dem trockenen Humor der Schweizer. Jahrelang hörte ich mir deutsche Vorurteile zu meiner neuen Heimat an – wie spießig, wie öde, wie stur, wie reich – da willst du wohnen. Wollte ich, und das Einzige, was mir jetzt ein wenig Sorge macht, ist, dass die vielen neuen Zuwanderer nicht kommen, weil sie die Menschen und die Traditionen so mögen, sondern weil sie hier Geld machen können und das Wetter besser ist und die Berge so schön zum Skifahren. Dass sie die Schweiz eben als neues Mallorca betrachten, gehn wir doch hin und okkupieren den Laden, die werden sich schon anpassen, die Schweizer.» Noch weiter geht jener Börsenanalyst, der sagt: «Ich lass mich hier so schnell wie möglich einbürgern, und dann sammle ich Unterschriften – zur Begrenzung der Einwanderung aus Deutschland.»

Ferner unterhielt ich mich mit einem renommierten Filmkritiker. Er stammt ebenfalls aus Bayern und lebt seit 35 Jahren in der Schweiz. Wir trafen uns, was kein Zufall sein kann, in einer Bierhalle, in der es die besten Weißwürste Zürichs gibt. Am Nebentisch saß eine Gruppe Greise. Der Greis am Tischende hielt eine Ansprache, in der es um General Guisan ging. Generäle gibt es in der Schweiz nur zu Kriegszeiten, und Henri Guisan befehligte die Schweizer Armee während des Zweiten Weltkriegs. Er gilt jener Generation als Symbol des helvetischen Wehrwillens gegen Nazideutschland und wird von ihr fast wie ein Heiland verehrt. In dem Moment, als der Greis am Nebentisch mit zittriger Stimme «General Guisan» sagte, antwortete der Filmkritiker auf eine Bemerkung von mir zu den Deutschen, die sich in der Schweiz unwillkommen fühlen, mit einem lauten: «Also dieses Geschwätz, das kann ich nimmer hören.» Der Greisentisch erstarrte. Hatte sich der *Sauschwab* dort drüben soeben über ihren General lustig gemacht? Ich war jedenfalls froh, dass die Herren nicht vierzig Jahre jünger waren. Sonst hätte ich vielleicht als Kollateralschaden einer antideutschen Vergeltungsaktion Eingang in die Geschichtsbücher gefunden.

Dem Filmkritiker setzte die Szene sichtlich zu. Während der nächsten Minuten flüsterte er nur noch und blickte immer wieder nervös an den Nebentisch. Dabei hätte man ihm mit einer Abreibung Unrecht getan. Man könnte nämlich sagen, dass er unter den alteingesessenen Schweiz-Deutschen eine konstruktive Mittelposition einnimmt: Weder überidentifiziert er sich mit seiner zweiten Heimat, noch hackt er exzessiv auf ihr rum. Gut, Schweizer Filme, die findet er des Öfteren schlecht bis sehr schlecht. Aber er findet auch deutsche Filme des Öfteren schlecht bis sehr schlecht. Schlechter findet er nur noch «den Lachsackhumor im deutschen Fernsehen». Und Schweizer TV-Humor? Die Frage schien den Filmkritiker sehr traurig zu machen. Mit brüchiger Stimme sagte er nur: «Nicht gut.» Nicht dass es auf hiesigen Sendern weniger lustig zu und her gehe als auf Super RTL. Das sei gar nicht möglich. Aber deutsche Comedians seien wenigstens lockerer. Er hätte mal mit dem Dings über dieses Phänomen gesprochen, sagte der Filmkritiker, dem in Stresssituationen (im vorliegenden Fall: die Greise am Nebentisch und das Thema Schweizer Humor) an sich geläufige Namen und Worte manchmal entfallen. Zum Beispiel musste er vor ein paar Jahren in Basel auf die Fremdenpolizei, weil «irgendwas erneuert werden musste». Die Frau hinter dem Schalter füllte ein Formular aus und fragte den nervösen Filmkritiker plötzlich: «Konfession?» Weg! Blackout! Ihm, der in seinen Rezensionen Wörter wie Rabulistik, hypertroph und Idiosynkrasie verwendet, fiel in dem Moment einfach nicht mehr ein, was Konfession heißt. Sie ganz deutlich und langsam: WELCHE. RELIGION? Auf jeden Fall unterhielt sich der Filmkritiker einmal mit Gerhard Polt über dessen Schweizer Humorkollegen. Polt sagte, es gebe den Typus des Komikers, der nur dann komisch sein könne, wenn er in Maskerade auftrete. Für das andere fehle es ihm an Exhibitionismus und eben Lockerheit. Er glaube, dieser Typus sei in der Schweiz verbreitet.

Wenn der Filmkritiker einen Schweizer Film schlecht findet und dies in der Zeitung schreibt oder im Fernsehen sagt, dann kriegt er jeweils ein paar E-Mails, in denen sinngemäß steht: «Wir brauchen Ihre großdeutsche Schnauze hier nicht.» Das wühlt ihn aber nicht sonderlich auf: «Grundsätzlich bin ich für solche gegenseitigen Aversionen jederzeit zu haben. Man darf sie nur nicht ernst nehmen. Ich finde es auch vollkommen in Ordnung, wenn ein Pfälzer am Stammtisch gegen einen Preußen vom Leder zieht.» Womit klar wäre, dass der Filmkritiker eher ein Verfechter der Main-These ist, die in Konkurrenz zur Rhein-These steht und die besagt: Die wahre Mentalitätsgrenze ist nicht der Rhein, der lediglich einen gemeinsamen alemannischen Sprach- und Kulturraum in einen schweizerischen und einen deutschen Teil trennt, sondern eben der Main. Der Filmkritiker sagt, als Bayer könne er die Schweizer verstehen: «Wenn ich dieses geschliffene, näselnde Hochdeutsch höre, dann sehe ich immer gleich einen preußischen Offizier mit Monokel und Pickelhaube vor mir.»

Wobei es ihn manchmal schon ein wenig wurmt, dass der Schweizer mit Italienern und Franzosen viel gnädiger umgeht. Das hat er am eigenen Leib erfahren. Als er seinen Schweizer Schwiegereltern vorgestellt wurde, hieß es: «Hier wird nicht Hochdeutsch geredet, sondern *Schwiizerdütsch*.» Dass sein Schwager nur Französisch sprach, war denen hingegen wurst. Ein falsches Wort als Deutscher, und man werde «ruckzuck in eine komische Ecke gedrängt». Irgendwie, sagte der Filmkritiker und grinste ziemlich fies, irgendwie litten die Schweizer darunter, dass sie nie von den Deutschen besetzt worden seien. So wie die Holländer. Dann hätte man jetzt einen Freipass, so richtig hemmungslos über die Deutschen herzuziehen. Ein kurzer erschrockener Kontrollblick: Nein, die Greise hatten nicht mitgehört.

Mittlerweile sind wir auf Seite 99 angelangt, ohne dass (von einer Fußnote abgesehen) unser beider Brudervolk ein einziges Mal erwähnt worden wäre. Willkommen Österreich in diesem Büchlein! Und herzlichen Dank für das uns Schweizern entgegengebrachte Vertrauen, das sich laut einem Meinungsforschungsinstitut in folgenden beeindruckenden Zahlen niederschlägt: Sechzig Prozent der *Öschis*, wie wir hier sagen, halten uns für ein, Zitat, «besonders fortschrittliches Land». Und müssten sie aus ihrer Heimat wegziehen, dann wäre die Schweiz für fast dreißig Prozent aller Österreicher die erste Wahl. Dies, obwohl mehr als die Hälfte der Bevölkerung unser Land noch gar nie betreten hat. Ich finde: Letzteres ist doch die ideale Basis für eine harmonische Beziehung. Vielleicht sollten sich die Deutschen daran ein Beispiel nehmen.

Doch bei aller Verbundenheit gibt es zwischen uns und ihnen schon partielle Unterschiede. Der offensichtlichste liegt in der ungleichen Vergangenheit: Hier ein makellos geschichtsneutrales Land; dort ein Volk, das sich von 1938 bis 1945 im historischen Darkroom herumtrieb. Wir sind eine Art Österreich, das nicht mitmarschiert ist. Der berühmteste Schweizer, Wilhelm Tell, wurde von Schiller verewigt, der berühmteste Österreicher von Charlie Chaplin parodiert. Und nun hat sich auch noch der Herrgott eine späte Strafe ausgedacht: Pünktlich zu der in beiden Ländern stattfindenden Fußball-EM jubelt er den Österreichern die schlechteste Nationalmannschaft in der Geschichte des Universums seit dem Urknall unter. Das ist jetzt nicht übertrieben. Ich bin Schweizer. Für einmal weiß ich, wovon ich spreche. Des Weiteren gibt es in Österreich wesentlich mehr ungehobelte, arbeitsscheue, treulose, unzuverlässige Schlampen beiderlei Geschlechts. Ich denke da vor allem an jenen Wiener Kollegen, dem ich einige Fragen zum Verhältnis zwischen Ö und D gemailt hatte, der aber offenbar lieber Mozartkugeln frisst, als mittels Erwähnung in meinem Büchlein zu panalpinem Ruhm zu gelangen.

So musste ich halt selber recherchieren. Im österreichischen Wochenmagazin *Profil* – das ist eines von insgesamt zirka zwei ernstzunehmenden Presseerzeugnissen im Land – bin ich fündig geworden. Unter dem nachgerade *heimlifeissen* Titel «Wie lange bleibst du?» brachte die Zeitschrift einen sehr ausführlichen Bericht über die zahlreich einwandernden «Marmeladinger», wie die Deutschen in Österreich hie und da genannt werden.[+] «Mittlerweile», schrieb das Blatt scheinheilig nüchtern, «leben in Österreich mehr Deutsche als Türken.» Man wird es mir sicher

---

+ Der leicht antiquierte Spottname geht wohl auf den Umstand zurück, dass die Soldaten des Deutschen Kaiserreichs während des Ersten Weltkriegs auf Butter und Schmalz verzichten mussten und stattdessen als Brotaufstrich eine billige Marmelade erhielten.

nachsehen, wenn ich anmerke: Das sind immer noch erst halb so viele wie bei uns im schönen Schweizerland. Dem Bericht entnehme ich, dass sich die Popularität der deutschen Migranten in Grenzen hält. Manchen Österreichern gelten sie als verbissen, grob und überheblich. In einem Managementseminar in Wien bat die aus Berlin zugezogene Kursleiterin die österreichischen Teilnehmer, das Stereotyp des Deutschen zu zeichnen. Die meisten hätten eine Dampfwalze gezeichnet. Mit außerordentlichem Scharfsinn folgerte die Kursleiterin: «Da merkt man dann schon, dass sie sich vielleicht ein wenig von uns überrollt fühlen.» Um die 550 Studienplätze in Medizin an der Universität Innsbruck bewarben sich im letzten Jahr 447 Österreicher, 86 Südtiroler – und 2147 Deutsche. «Was findet man auf der ganzen Welt?», fragte ein einheimischer Kandidat in einem Internetforum. «Coca-Cola und Deutsche. Fragt sich nur, was das größere Übel ist.»

Umgekehrt enerviert man sich über die Verschnarchtheit und Harmoniebedürftigkeit der «Almdudler». Sie seien «streitunfähig und liebessüchtig», wird ein unzufriedener Deutscher zitiert. Abgesehen davon, dass liebessüchtig alleweil besser ist als cracksüchtig: Konfliktfähigkeit, so finde ich, ist eine überschätzte Tugend. Vor allem, wenn man sich in einem Land zurechtfinden muss, das zu seinen bedeutendsten Errungenschaften die Sachertorte zählt.

Nicht wenige der in dem *Profil*-Artikel wiedergegebenen Aussagen von Deutschen waren von unfreiwilliger Komik umhaucht. So entrüstete sich eine in Wien lehrende Romanistikprofessorin darüber, dass «sachliche Kritik» und das «Formulieren klarer Zielvorstellungen» als «arroganter Habitus eines über den Dingen stehenden Deutschen» verstanden würden. Ich wage zu vermuten: Die durch nichts zu erschütternde Überzeugung, dass es sich bei der eigenen Meinung, der eigenen Weltsicht, der eigenen Façon, Dinge zu tun, und der eigenen Art des Auftretens um gänzlich «objektive», «sachliche», «zielorientierte» Kategorien handelt, deren Gutheißung zwingend zum Wohle der Allgemeinheit beiträgt, während eine Infragestellung nur auf einem Denkfehler oder einer Charakterschwäche des Infragestellers beruhen kann, dieses gnadenlose Selbst- und Sendungsbewusstsein ist in Deutschland verbreiteter als anderswo.[+]

Sehr lustig auch die Äußerung eines Musikdramaturgen: «Als Deutscher ist man völlig baff, mit welcher Nonchalance Politiker hier über Argumente hinweggehen. Wo sie in Deutschland schon lang zurücktreten müssten, bleiben sie in Österreich problemlos im Amt.» Nun gut, wie sehr wir alpinen Nachbarvölker auf dünkeldeutsche Zensuren stehen, darüber wurde in diesem Büchlein bereits andeutungsweise berichtet. Bemerkenswert sind hier vor allem zwei Dinge: Erstens die enorme analytische Potenz, die sich in der Aussage des Musikdramaturgen manifestiert. Der Mann hat erkannt: Die deutsche Politik basiert einzig und allein auf der Kraft des Arguments. Deutsche Politik ist eine ausschließlich sachliche, rationale und konstruktive Angelegenheit. Dies hat es der deutschen Politik erlaubt, in den vergangenen Jahren stets die objektiv besten Lösungen für die objektiv dringlichsten Probleme zu finden. Was wiederum die hohe Zu-

---

[+] Fast könnte man auf den frivolen Gedanken kommen, dass die Deutschen den Amerikanern in diesem Punkt gar nicht so unähnlich sind. Oder sachlicher: Gewisse Deutsche gewissen Amerikanern. Zum Beispiel Amerikanern aus dem Mittleren Westen – jener Gegend also, in der sich ein großer Teil der Bevölkerung deutscher Vorfahren rühmen kann.

friedenheit von Medien und Bevölkerung in Fragen der Renten-
sicherung, der Steuerlast, der Bekämpfung der Arbeitslosigkeit,
der Außenpolitik u.v.m. erklärt. Zweitens: Wieso sind es immer
Musikdramaturgen, Theaterregisseure, Schriftstellerinnen und
andere intellektuell-künstlerische Kräfte progressiver Proveni-
enz, die meinen, dem Rest der Welt mit ihren Belehrungen zur
Genesung verhelfen zu müssen? Hat die Klischeefigur des hässlichen Deutschen etwa die Seiten gewechselt?

Lustig ist natürlich auch dies: Dieselben Einwanderer, die
an den Österreichern herummäkeln, sind imstande, ein paar
Sätze später zu klagen: «Man fühlt sich hier nicht richtig willkommen.» – «Privat, wenn's die Österreicher wirklich lustig
haben, ist man als Deutscher außen vor.» Insgesamt lässt sich
der Artikel wie folgt zusammenfassen: Alles, was ich jemals von
Schweizern über Deutsche gehört habe, plus alles, was ich jemals von Deutschen über Schweizer gehört habe. Das lässt zwei
unterschiedliche Schlüsse zu: Schweizer und Österreicher sind,
wie wir sagen, im gleichen Spital krank. Oder sachlich-objektiv:
Zwei Nationen können nicht irren.

Obwohl ich die Spannung über Dutzende Seiten brutal aufgebaut
habe, muss ich gestehen: Soo schlimm war es nun auch wieder
nicht, was Birgit und Jenny über uns Schweizer zu sagen hatten.
Ich würde mal behaupten: Zwischen Russen und Tschetschenen,
Alice Schwarzer und Eva Herman, Hutu und Tutsi, Papst Bene-
dikt XVI. und der Arbeitsgemeinschaft Schwule Theologie e.V. ist
die Chemie auch nicht besser. Auf meine Frage ganz zu Beginn unseres Gespräches: «Schweiz – Daumen hoch oder runter?», konnten sich die beiden sogar auf ein «dreiviertel hoch» einigen. Das
Problem ist nur, dass erstens diese Antwort bei 99,4 Prozent aller

zurechnungsfähigen Schweizer dieselbe Reaktion provoziert: Wieso nur dreiviertel? Zweitens gewann ich im Verlauf unserer Unterhaltung den Eindruck, dass es sich beim Rest um das größte Viertel in der Geschichte des Bruchrechnens handeln muss.

Birgit (aus Landshut) und Jenny (aus Leipzig) finden die Schweizer:

+ extrem langsam; und zwar noch langsamer, als man gedacht hatte;
+ extrem verschlossen; in fast fünf Jahren Schweiz hat Birgit lediglich eine gute Freundin gefunden (Jenny) und Jenny auch nur eine (Birgit);
+ total unspontan; zum Glühweintrinken muss man sich vier Wochen vorher anmelden;
+ überpünktlich – wenn man mal eine Dreiviertelstunde zu spät kommt, nehmen sie es grad persönlich;
+ überheblich – glauben, sie könnten besser Englisch als die Deutschen, was überhaupt nicht stimmt.

Zudem:

+ Die Joghurt-Auswahl ist viel zu klein, und beim Bäcker gibt's um zehn nach zwölf nicht einmal mehr ein Sandwich zu kaufen, da fragt man sich dann schon: Sind wir hier in Polen?
+ muss man hier bei jedem geschäftlichen Anruf mit jedem mindestens fünf Minuten lang quatschen;
+ trennen Schweizer Job und Privatleben ganz streng, weswegen man bei der Arbeit kaum Leute näher kennenlernt;
+ nehmen sie im Job immer alles persönlich; man muss immer alles fünfmal diskutieren, jeden um seine Meinung fragen und Kritik immer in einen Blumenstrauß packen;
+ begegnen sie Österreichern viel freundlicher als Deutschen.

Immerhin hat Jenny festgestellt, dass es in letzter Zeit ein wenig besser geworden ist. «Ich glaube, in Zürich sind die Deutschen jetzt die meisten Ausländer. Da merkt man schon, dass sich die Schweizer umgewöhnen müssen.» Birgit ergänzte: «Was würdet ihr ohne uns machen? Nichts! – Ich kann nicht nachvollziehen, wieso wir nicht gemocht werden.»

So viel zu den guten Seiten der Schweiz. Wenden wir uns den weniger guten zu: Männer. Birgit und Jenny haben mit dem Schweizer Mann durchwegs schlechte Erfahrungen gemacht. Beziehungsweise und viel schlimmer: Sie haben mit dem Schweizer Mann so gut wie gar keine Erfahrungen gemacht. «Wir zwei fahren manchmal nach Deutschland, weil wir wieder ein bisschen Selbstvertrauen auftanken müssen», sagte Birgit und setzte dazu einen weidwunden Bambiblick auf.

Birgit (blond, Anfang dreißig) und Jenny (brünett, Ende zwanzig) sagen:

+ Der Schweizer Mann ist sehr scheu; die Angriffsstimmung ist, «sach ich mal», nicht so intensiv wie in Deutschland.

+ Der Schweizer Mann an sich ist unattraktiv.

+ Der Schweizer Mann ist ein Waschlappen; deutsche Männer sind selbstbewusster und machen auch mal 'ne Ansage.

+ Der Schweizer Mann hat Angst, einen Korb zu kriegen, ganz extrem; in Berlin ist es ganz normal, dass du als Mann ganz viele Körbe kriegst, dann gehst du einfach zu der Nächsten hin.

+ Wenn dich dann doch mal ein Schweizer anspricht, ist es vorbei, sobald er merkt, dass du Deutsche bist.

+ Wenn du als Frau den ersten Schritt machst, dann erschrecken sie, weil die Schweizer Frau, «sach ich mal», schon eher ruhiger ist.

+ Wenn du als Frau den ersten Schritt machst, dann sind sie begeistert, weil die Schweizer Frau, «sach ich mal», schon eher ruhiger ist.

+ Sie sind eher klein; Männer über eins neunzig sind hier eine Seltenheit.

+ Der Schweizer Mann ist extremst hintendrein, was die Emanzipation der Frau betrifft; er will ein *Huscheli* (Heimchen).

+ Die Männer heutzutage in Deutschland werden viel gleichberechtigter erzogen als die Schweizer; weil die Schweizer werden ja von den Frauen erzogen, die auch noch nicht so weit sind.

+ Sie haben den Witz nicht, die Anmache als Kennenlernaktion, als Spiel, zu begreifen: entweder alles oder nichts.

+ Ein Schweizer Mann kann eine Frau nicht einfach in erster Linie mal als Mensch sehen, sondern immer gleich als Sexualpartner.

+ Generell sind Schweizer und deutsche Männer ähnlich; die Unterschiede zu den Italienern sind größer.

Ich versuche zur Abwechslung, mich eines Kommentars zu enthalten. Auch wenn ich Wörter wie «Angriffsstimmung» und «'ne Ansage machen» eher mit Rodeo oder 1.-Mai-Krawallen assoziiere als mit der Kunst des Flirtens, sach ich mal. Auf jeden Fall tat mir nach dem Gespräch der deutsche Mann einen ganzen Nachmittag lang leid. Musste ganz schön anspruchsvoll sein, diese komplexe Mischung aus grunzendem Troglodyten und feminisiertem Snugli-Träger hinzukriegen. Später entsann ich mich eines Artikels einer englischen Journalistin über das deutsche Beziehungswesen im Allgemeinen und den deutschen Mann im Besonderen. Die Journalistin war in jungen Jahren Berlin-Korrespondentin für den *Independent* gewesen und kannte sich entsprechend aus. Der Artikel trug den Titel «Im Bett mit Horst» und mokierte sich über das Geschäftsmäßige, das dem deutschen Liebesleben innewohne. Wörter wie Anmache oder rummachen, schrieb sie, «tönen eher nach Tätigkeiten, die mit einem Schraubenzieher und einem Ikea-Regal zu tun haben». Einmal wurde die Journalistin von einem Mann, in den sie sich verknallt hatte, nach Hause begleitet. An der Haustür angelangt, sagte er: «Also, wo wir schon mal hier sind, könnten wir eigentlich auch zusammen ins Bett gehen.» Der war wohl bei Birgit und Jenny im Balz-Seminar und dachte: Ich versuch's mal mit 'ner Ansage. Der Engländerin gefiel das aber nicht so gut. «Doch selbstverständlich», bemerkte sie maliziös, «sind wir verklemmt, was der deutsche Ausdruck ist für: ‹anders als wir›.»

Meinen Freund Tom, dem ich am Telefon von Birgit und Jenny erzählte, schien das alles nicht sonderlich zu interessieren. Bis das Wort Waschlappen fiel. Daraufhin murmelte er etwas von «Hätten halt im 15. Jahrhundert bei uns auf Männersuche gehen sollen, die Schnepfen». Ich fragte ihn, wie das zu verstehen sei, er antwortete, er müsse dringend eine Runde Online-Poker spielen, werde mir aber danach ein E-Mail schicken. Er hielt Wort und schrieb: «Am 26. August 1444 nehmen es in St. Jakob an der Birs bei Basel 1500 Eidgenossen mit 30 000 Gegnern auf, davon sind der Großteil Armagnaken, Berufskrieger in französischen Diensten, die wegen ihrer Grausamkeit gefürchtet sind. Der Zusammenprall dauert viele Stunden. Die Schweizer, die nur Hellebarden und Spieße haben, während der Gegner auch mit Panzerreitern und Bogenschützen operiert, sterben schließlich alle. Aber sie kämpfen so lange und so wild, dass sie nur geschlagen werden, weil die andere Seite Artillerie einsetzt. Der französische Dauphin, der sich gerne die Stadt Basel einverleibt hätte, ist von der Kampfkraft der Schweizer derart entsetzt, dass er hernach Frieden schließt. Die Schlacht an der Birs macht in ganz Europa Furore, überall nehmen die Herrscher Schweizer Söldner unter Vertrag. – Braveheart und Rob Roy, lieber Bruno, das sind wir. Sag das deinen deutschen Tussen.»

Nachdem ich alle Deutschen durchhatte, fuhr ich zu Michael Schindhelm, dem Theatermann und Schweizkenner aus Thüringen. Der wirkt zwar mittlerweile nicht mehr in Basel und auch nicht mehr in Berlin, wo er danach war, sondern im fernen Dubai. Weil es ihm aber bei uns Schweizern so gut gefallen hat, hat er sich im schönen Tessin ein Refugium eingerichtet. Dort habe ich ihn besucht.

Grüezi Herr Schindhelm. Lassen Sie uns zuerst die Modalitäten dieses Gesprächs klären: Soll ich meine Fragen auf Schweizerdeutsch stellen, und Sie antworten auf Hochdeutsch? Sie waren ja fast zehn Jahre im Land und verstehen alles.

Wir können das so machen, selbstverständlich.

Mein Problem ist nur: Wenn ich Mundart rede und Sie Hochdeutsch, dann ist es für mich ungefähr so, wie wenn ich Ihnen in Latzhosen gegenübersitze, und Sie tragen einen Smoking.

Wenn Sie etwas gegen Latzhosen haben, können Sie gerne auch einen Smoking anziehen.

Das Vertrackte ist doch, dass ich gar keinen Smoking besitze. Ich rede mittelprächtig Hochdeutsch, so wie das ein Schweizer halt tut. Und wenn ich mir besonders Mühe gebe, dann bekommt das Ganze etwas Gestelztes und Verkrampftes. Das haben Sie selber in Ihrem Buch geschrieben.

Meiner Meinung nach liegt hier ein doppeltes Missverständnis zwischen den Schweizern und den Deutschen vor. Es ist keineswegs so, dass die Schweizer, wie sie glauben, grundsätzlich ein schlechteres Hochdeutsch sprechen. Ich würde sagen, es gibt bei den Deutschen eine extreme Achtlosigkeit gegenüber ihrer Sprache, währenddem die Schweizer, gerade auch aufgrund ihrer Unsicherheit, mit sehr viel mehr Wachsamkeit Hochdeutsch sprechen. Ein doppeltes Missverständnis ist es insofern, als man als Deutscher immer ein wenig davon ausgeht, dass man aus einer bestimmten Überlegenheit heraus spricht.

Danke für die ermutigenden Worte. Dann wechsle ich jetzt in mein mit sehr viel Wachsamkeit gesprochenes Hochdeutsch …

… in der Schweiz stellt ja jeder sofort um auf des anderen Idiom. Und empfindet das als besonders höflich. Man könnte natürlich auch sagen: Dieses Umstellen ist ein Schachzug. Eine Form von Tarnung. Da weiß man nie so genau, was man von der andern Seite eigentlich zu halten hat. Weil die andere Seite sozusagen ihre Maske nicht richtig runterlässt.

Vielleicht hängt das Umstellen auch nur damit zusammen, dass Hochdeutsch und unsere Mundart weiter voneinander entfernt sind, als gemeinhin angenommen. Es gibt eine Untersuchung, die zum Schluss kommt, Holländisch sei dem Hochdeutschen in manchen Aspekten näher als Schweizerdeutsch.

Die Behauptung habe ich auch schon gehört. Ich glaube das nicht so ganz, auch wenn ich kein Sprachforscher bin. Der Punkt ist wahrscheinlich eher, dass man sich in anderen Ländern irgendwann zu einer gewissen Vereinheitlichung durchgerungen hat. Auch in Deutschland gab es sehr viele verschiedene Sprachen oder sagen wir Dialekte. Irgendwann hat sich durch die Luthersche Bibelübersetzung das sogenannte Meißner Kanzleideutsch als die eigentliche deutsche Schriftsprache etabliert. Am Anfang stand also ein Gründungsakt kultureller Natur. Und den gab es in der Schweiz so nie. Die Schweizer haben immer ihren eigenen Dialekt für wichtiger erachtet als etwas Gemeinsames. Jeder wollte so weiter sprechen, wie ihm die Schnauze gewachsen war, offensichtlich auch aufgrund einer sehr großen Autonomiebedürftigkeit. Und da, wo's eben gar nicht anders ging, hat man sich bei den Deutschen deren Sprache ausgeliehen. Sozusagen als Ersatzsprache. Das beschreibt für mich schon ein bisschen das ambivalente Verhältnis der Deutschschweizer zu Deutschland.

Haben die Schweizer einen Sprachkomplex?

Ja, das glaube ich schon. Das hat eben mit dem Hochdeutschen zu tun, das weiterhin als ein fremdes Referenzsystem betrachtet wird. Man empfindet eine Art von Mangel. Als würde man etwas Wesentliches nicht besitzen: eine Sprache, die man über den begrenzten Raum eines Dorfes, einer Stadt, eines Kantons hinaus als sein Eigen bezeichnen kann. Umgekehrt haben die Deutschen, die ansonsten so viel kaputt gemacht haben, in ihrem eigenen Land und andernorts, wenigstens eine gemeinsame Sprache, mit der sie vielleicht auch nicht besonders gut umgehen, aber immerhin so gut, dass es auf Schweizer manchmal einschüchternd wirkt.

Schweizer hingegen, haben Sie sinngemäß geschrieben, seien keine Meister der verbalen Kommunikation. Selbst große Schriftsteller wie Friedrich Dürrenmatt oder Max Frisch hätten gegenüber Zeitgenossen ihres Kalibers schweigsam gewirkt. Dafür haben wir's mehr mit dem Nonverbalen, nicht wahr?

Mit Sicherheit ist das so. Ich würde sogar einen Schritt weitergehen. Es gibt ja auch im Sprachlichen jenseits der Worte noch eine andere Form der Kommunikation. Das ist zum Beispiel die Lautstärke. Oder die Intensität, mit der gesprochen wird. Ich glaube, dass zwischen den Wörtern eine ganze Menge von Kommunikation stattfindet und dass die Schweizer da viel zu bieten haben. Das kann übrigens auch damit zusammenhängen, dass man in diesem Land seine Stimme anders hört. Deutschland ist ein flaches Land. Die meisten Menschen, jetzt mal von den paar Schwaben und Bayern abgesehen, sind im Flachland aufgewachsen. Von dort kommt ja letztendlich auch die deutsche Sprache. Ich glaube, dass Bergvölker dazu neigen, mit der Musikalität der Stimme anders umzugehen. Weil sie ihre Stimme einfach anders wahrnehmen durch die Erfahrung des Echos. Und ich bilde mir ein, dass tatsächlich auch bei vielen Stadtschweizern noch immer so eine Art genetischer Urtrieb da ist, durch Lautstärke, durch die Modulation der Sprache ein Stück Identität herzustellen, das möglicherweise durch die Wörter allein nicht hergestellt wird.

Der Deutsche ist so laut, weil man in den Weiten der Ebene eine größere Röhre braucht als oben auf dem Berg?

Kurioserweise ist es so, dass den Schweizern nachgesagt wird, sie seien so stille Menschen. Vorhin bin ich mit meiner Freundin spazieren gegangen, und wir haben festgestellt, dass am Rande des Dorfes eine Menge Autos standen. Das heißt, offensichtlich waren viele Leute im Dorf. Wir haben aber nicht nur niemanden gesehen, sondern auch niemanden gehört. Wenn man in das nächste Dorf gehen würde, das bereits in Italien liegt und nicht mehr hier im Tessin, dann würde man eine andere Erfahrung machen. Man würde spüren, dass da Menschen sind. Für sich sind sie erst mal sehr leise, die Tessiner. Aber sobald sie zusammenkommen, werden sie relativ laut. Mir ist das auch aufgefallen, wenn ich wandern gewesen bin im Jura im Wald. Manchmal habe ich die Leute schon gehört, bevor ich sie gesehen habe. Es waren immer die Schweizer, die ich zuerst gehört habe. In dieser Gegend gehen ja auch Franzosen und Deutsche spazieren und andere

Ausländer. Das Auffällige war, dass die Schweizer die Lautesten waren, obwohl man ja immer den Deutschen nachsagt, sie seien die Lauten.

Ein Freund von mir sagt: Wenn sich ein Deutscher in der Schweiz beliebt machen wolle, dann müsse er lediglich ein paar lobende Worte über das Land verlieren. Sind wir wirklich so einfach zu bestechen?

Glauben Sie bloß nicht, die Franzosen oder Deutschen wären für Lob unempfänglich. Wobei die Deutschen vielleicht tatsächlich eher weniger als andere Nationen. Wir haben ja ein problematisches Verhältnis zu uns selbst aufgebaut, aus sechzig Jahre nahe liegenden Gründen.

Wir hingegen sind begierig nach Beifall von außen.

Wobei dieser Beifall gar nicht so oft gespendet wird. Mein Buch über die Schweiz kam im Frühjahr letzten Jahres heraus, als ich gar nicht mehr im Land war. Ich kam nach Zürich und hatte im Opernhaus eine Lesung. Da saßen massenweise Deutsche, und die regten sich furchtbar darüber auf, wie schlecht es ihnen in diesem Land geht. Ich konnte meine Klappe nicht halten und musste zurückgeben: «Warum sind Sie dann hier, wenn's Ihnen nicht passt? Offensichtlich muss es ja Gründe geben, dass Sie hier leben.» Es war den Leuten zum Teil sehr deutlich anzusehen, dass es das Geld war, was sie letztendlich in die Schweiz geholt hat. Max Frisch sagte über den Münchner Schriftsteller Alfred Andersch, der im Tessiner Bergdorf Berzona sein Nachbar war: Er schätzt die Schweiz, aber sie beschäftigt ihn nicht. Das ist, glaub ich, ein Phänomen, das für sehr viele Deutsche gilt. Sie betrachten das Land als eine Art Serviceunternehmen und als Wellnesspark mit angenehmen Lebensbedingungen. Nein, ich habe hier gar nicht so viele Deutsche kennengelernt, die versuchen, sich bei den Schweizern einzukratzen.

Dann tun Sie es wenigstens: Wofür haben wir Lob verdient?

Obwohl auch ich in der Schweiz öfter mal angegriffen worden bin, habe ich mich nie unwohl gefühlt in meiner Haut. Das hat damit zu tun, dass der Anpassungsdruck hier viel geringer ist als anderswo. Wenn Sie in den USA als Amerikaner gelten wollen, müssen Sie auch den Amerikaner spielen. Ich sah nie eine Veranlassung, mich als Pseudoschweizer zu tarnen. Diese Bereitschaft, leben zu lassen, also Diversität zuzulassen, und nicht den Druck auf andere auszuüben, so sein zu müssen wie die Einheimischen selbst sind, das halte ich für eine große soziale und kulturelle Leistung.

Dass bei uns der Konformitätsdruck gering sein soll, ist eine überraschende Aussage.

Natürlich rede ich aus einer privilegierten Perspektive heraus. Ich bin ja nicht als einfacher Arbeiter hierhergekommen, der in einem völlig schweizerischen Milieu hat bestehen müssen. Im Theater hat zum Beispiel so gut wie niemand Schweizerdeutsch gesprochen. Selbst die Schweizer nicht. Trotzdem glaube ich sagen zu können, dass der Anpassungsdruck anderswo größer ist. Das hab ich selbst erlebt, etwa als Student in Russland, wo man alles daransetzen musste, um möglichst schnell nicht mehr als Deutscher erkannt zu werden. Ein weiterer Punkt ist: Dass es in der Schweiz – trotz dieser Bereitschaft der Mehrheit, Minderheiten leben zu lassen – ein Interesse gibt an dem anderen. Ein Interesse, das nicht unbedingt laut ist und sich nicht sofort erschließt. Aber das da ist. Ich denke, dass es nicht richtig ist, was andere Leute aus meinem Land oftmals behaupten: Man würde mit den Schweizern nicht warm.

Wir sind gar nicht so verschlossen und borniert, wie es heißt?

Es gibt bei einem sehr hohen Prozentsatz der Deutschen

lächerliche Klischees über das, was die Schweiz darstellt. Dabei ist ja die Schweiz stets optimistisch auf die Globalisierung zugegangen. Ich empfand es als wohltuend, in einem Land zu leben, das es auf der einen Seite irgendwie schafft, seine Tradition in Erinnerung zu behalten und eine gewisse Autonomie zu beanspruchen, sich auf der anderen Seite aber sehr weit öffnet für globale Zusammenhänge. Beispielsweise indem man schon früh einen Weg gefunden hat, mit Ausländern umzugehen und Menschen aus andern Kulturen hierherzuholen. Diese Mischung aus Liberalität und sozialer Wachsamkeit, die in diesem Land gelungen ist und einen gewissen Ausgleich geschaffen hat, bei gleichzeitig relativ großer wirtschaftlicher Dynamik: Das finde ich eine große Leistung.

Sind die Schweizer antideutsch?

Innerhalb der wenigen Wochen, die ich Anfang der neunziger Jahre in Amsterdam verbracht habe, habe ich viel mehr antideutsche Auftritte erlebt als in zehn Jahren Schweiz. Ich muss einfach sagen, die Schweizer sind in dieser Hinsicht harmlos.

Ihr Rat an Schweiz-Einwanderer: Wie wird man bei uns glücklich?

Das Wichtigste ist, man selbst zu bleiben. Das heißt, nicht so sehr darauf zu spekulieren, dass man sich schnell anpasst und so wird, wie man meint, dass die anderen es sind. Der zweite Ratschlag ist sicherlich der, dass man eine gewisse Geduld mitbringen muss, um die Differenzen zu diesen anderen Leuten, zu denen man zu Besuch gekommen ist, wirklich erkennen zu können. Auch ich erlag anfänglich dem Irrtum, die Schweiz sei so eine Art Verlängerung Deutschlands nach Süden und in die Gemütlichkeit. Der dritte Punkt ergibt sich aus dem soeben Gesagten: dass man neugierig bleibt und eine Form findet, mit den

Menschen hier zu kommunizieren, anstatt sich darauf zu verlassen, dass es genügend Deutsche in diesem Land gibt.

Manchen deutschen Einwanderern scheint es an der Einsicht zu fehlen, dass die Schweiz für sie Ausland ist. Sie reagieren ziemlich weinerlich auf die Schwierigkeiten, die ein Leben in der Fremde nun mal mit sich bringt. Woher kommt diese Larmoyanz?

Es gibt schon einen narzisstischen Reflex, eine generelle Empfindlichkeit gegenüber allem, was ein bisschen schwierig ist. Auch sind wir es weniger gewohnt als die Franzosen oder die Italiener, uns unter anderen kulturellen Verhältnissen zu etablieren. Darüber hinaus ist es aber auch so, dass Deutschland sehr viel mit sich selbst zu tun gehabt hat in den letzten zwanzig Jahren. Das muss man verstehen. Die deutsche Wiedervereinigung ist eine enorme Integrationsleistung nach Innen gewesen. Dieser Integrationsprozess hat viel Energie und Kraft gekostet und die Menschen erschöpft. Deswegen glaube ich, dass Deutschland den Rest der Welt ein wenig aus den Augen verloren hat. Es hat eine gewisse Provinzialisierung stattgefunden. Die Deutschen waren eine Zeitlang nicht mehr darauf vorbereitet, im Ausland zu leben und im Ausland zu bestehen. Das kommt jetzt wieder. Das muss jetzt auch wieder kommen.

Trügt der Eindruck, dass Ostdeutsche tendenziell weniger Mühe haben, sich bei uns zurechtzufinden?

Ich habe die Schweiz mal als gelungene DDR bezeichnet. Das war nicht einfach nur ein Aperçu, um die Leute zu ärgern. Nur schon der den Schweizern so zentrale Gedanke des Heimatortes ist ja ein Ausdruck von etwas, was radikal entgegengesetzt ist zur Globalisierung. In der DDR, aus ganz anderen Gründen natürlich, hat es auch diese Gebundenheit gegeben. Dementsprechend könnte man sagen, dass die geschlossene Gesellschaft der DDR gewisse Eigenschaften gehabt hat, die der Halbgeschlossenheit der Schweizer Gesellschaft durchaus ähnlich sind. Zum Beispiel, was die Rolle der Familie oder das Verständnis von Autorität betrifft. Es ist kaum ein Zufall, dass es in den Schweizer Schulen alles in allem friedlicher zugeht als in deutschen Schulen. Ich glaube schon, dass es damit zu tun hat, dass in dieser Gesellschaft bestimmte traditionelle Werte anders verteidigt worden sind als in Westdeutschland. Im Nachklang der 68er-Bewegung hat man da in viel stärkerem Maße auf Veränderung gesetzt. Die Schweiz ist in dieser Hinsicht eine konventionellere Gesellschaft geblieben, was heute vielleicht fortschrittlicher ist. Aber das steht auf einem anderen Blatt. Jedenfalls bestanden solche Konventionen auch in der DDR. Daraus ergeben sich gewisse Ähnlichkeiten, die möglicherweise dazu führen, dass die Ostdeutschen und die Schweizer sich besser verstehen. Hinzu kommt, dass man sich zwischen Ostdeutschen und Schweizern relativ schnell einig ist über die Unverschämtheit der Westdeutschen.

Wir empfinden die Deutschen mitunter als arg meinungsfest.

Das Gefühl, die Wahrheit für sich gepachtet zu haben, das ist sicherlich etwas, was sehr deutsch ist. Ich hab allerdings auch unter den Schweizern ein paar Rechthaber erlebt. Interessanterweise waren das immer die, die den Deutschen besonders wohlgesinnt waren.

Selbstironie gehört nicht unbedingt zu den Kernkompetenzen der Deutschen.

In den zwei Jahren, als ich in Berlin war, kam mir das erst wieder ins Bewusstsein. Es gibt in Deutschland eine extreme Empfindlichkeit. Und eine Unfähigkeit, eine gewisse Ironie an den Tag zu legen. Ironie nicht einfach nur als Routine zu benutzen, um dann seine eigene Position unanfechtbar zu machen. Sondern auch selbstironisch zu sein und spielerisch mit Auseinandersetzungen umzugehen. Es ist eben so, dass es in Deutschland in der Regel sehr ernst zur Sache geht. Auch in Fällen, wo es absolut unnötig wäre, ernst zu sein. Ich bin ja sehr stark geprägt von Basel. Und in Basel gab es einfach extrem viel Humor und Ironie. Das mag viel mit der Fasnacht zu tun haben. Generell ist es eben so, dass ich das Gefühl hatte, Streitkultur in der Schweiz äußert sich weniger darin, dass man sich Schaustreits, Schaudebatten liefert, als darin, dass man auf eine besondere Weise kommuniziert, die deutlich macht, dass das Ganze auch eine Art von Spiel ist.

Kritik an der Schweiz üben zu dürfen, ist ein Privileg, das wir Ausländern nur selten gewähren. Sie haben es sich verdient. Was stört Sie an unserem Land? Hauen Sie rein!

Es gibt aufrichtige und falsche Bescheidenheit. Beide Arten kann man in der Schweiz exemplarisch beobachten. Die falsche beginnt mit der notorischen Selbstverkleinerung – vor dem Schweizer Diminutiv ist Vorsicht geboten –, geht über das sprachliche Einkuscheln in den vermeintlich unschuldigen Dialekt und gipfelt in der Selbststilisierung zum einfachen Bergvolk. Ein bisschen weniger Alpbauernromantik und ein bisschen mehr Bekenntnis zur modernen Schweiz wären schön.

Ist das alles?

Das genügt Ihnen also nicht. Ich erkenne den aufrechten Schweizer in Ihnen. Der aufrechte Schweizer liebt die Selbstkritik. Und weil er es selbst nicht so gut hinkriegt, bestellt er sich gern manchmal den bösen Ausländer, zum Beispiel den Deutschen, um seinem Land und seinesgleichen einen überzubraten. Zufrieden?

Okay, das reicht jetzt.

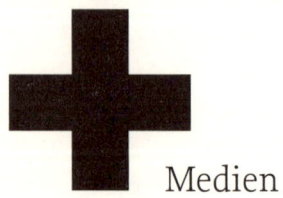 Medien

Der *Spiegel* und andere Grausamkeiten

Wenn der *Appenzeller Volksfreund* schriebe, New York sei schwer überschätzt – unfreundliche Menschen, schlechtes Essen, überteuerte Taxis, ödes Nachtleben –, dann würde das dort erstens keiner mitbekommen und falls doch (durch eine Verkettung bizarrer Zufälle), dann würde das dort zweitens keinen interessieren. Wenn aber die *New York Times* schriebe, das Appenzellerland sei eine einzige Enttäuschung – unfreundliche Menschen, schlechtes Essen, überteuerte Seilbahnen, öde Berggipfel –, dann wäre logischerweise etwas los im Appenzellerland.

War diese Einleitung etwas umständlich? Das muss daran liegen, dass ich nur widerwillig einräume: Was Schweizer Medien von den Deutschen halten, kümmert dortzulande keinen. Was hingegen deutsche Medien über die Schweiz berichten, interessiert uns brennend. Mehr noch: Uns interessiert nicht nur, was deutsche Medien über die Schweiz verbreiten – das wäre eine nachgerade schaltjährlich sporadische Angelegenheit –, nein, uns interessiert in der Regel⁺ auch, was deutsche Medien zu Al Kaida, Eva Herman, Reality-TV und den erfolgversprechendsten Diäten zu sagen haben.

Aus diesem Umstand ergeben sich erhebliche Unterschiede im Kenntnisstand der beiden Völker voneinander. Dieser unterschiedliche Kenntnisstand kann Schweizern durchaus auf die Nerven gehen, wie das Beispiel eines befreundeten Historikers zeigt. Es handelt sich um den schon einmal zitierten Wissenschaftler, der sein Büro an der Uni mit lauter Deutschen teilt. Er sagt: «Ich kann über alles mitdiskutieren, was meine deutschen Kollegen beschäftigt – Bundesliga, Landtagswahlen, der neue Enzensberger. Sie aber haben keine Ahnung von dem, was *mich* beschäftigt. Wenn es hoch kommt, bestellen sie nach drei Jahren Schweiz ein Probe-Abo der *Neuen Zürcher Zeitung*.» Womit wir wieder bei der klugen Bemerkung von Max Frisch angelangt wären, die für nicht wenige Deutsche gilt, die in unser Land ziehen: Sie schätzen die Schweiz, aber sie ist ihnen egal.

Obwohl bei uns nahezu jeder einigermaßen am Zeitgeschehen interessierte Mensch mit deutschen Zeitungen und Fernsehanstalten aufwächst, bleiben das für uns fremde, den Duft der heimischen Scholle entbehrende Zeitungen und Fernsehanstal-

---

+ In der Regel heißt, dass mein Freund Tom wieder mal die Ausnahme bildet. Er sagt, dass er weder *Zeit* noch *FAZ* lese (dafür *Le Monde*). Nur schon «das überdimensionierte Format» dieser Blätter sei «ein einziger Ausdruck von Territorialstreben». Am *Spiegel* langweile ihn «die öde Sprache», und deutsches Fernsehen tue er sich ohnehin nicht an. Am ehesten habe er Rudi Carrell gemocht. Aber der sei ja Holländer gewesen.

ten, weshalb unser Verhältnis zu deutschen Medienerzeugnissen als ambivalent zu bezeichnen ist. Wir kennen und nutzen sie, mögen sie aber nur bedingt.

Ambivalent – dieses schöne Wort werde ich, wenn es im Zusammenhang mit Deutschland fällt, auf immer und ewig mit Max in Verbindung bringen. Max, es stand in der Einleitung, ist jener Pfleger, von dem ich erfahren hatte, dass an manchen Schweizer Krankenhäusern die deutschen Assistenzärzte GUMMIHÄLSE genannt werden. Weil sie unentwegt nicken, wenn der Chef etwas sagt. Max hatte noch mehr zu erzählen. Zum Beispiel, dass dieselben Assistenzärzte, sobald sie mit einem Krankenpfleger redeten, ihre Unterwürfigkeit sofort ablegten und zu einem «preußischen Kasernenhof-Ton» wechselten, weshalb er, Max, einem besonders vorlauten Exemplar einmal gesagt habe: «Wir sind hier nicht bei der Wehrmacht.» Dann sei Ruhe gewesen. Im Verlauf der Unterhaltung mit Max gewann ich den Eindruck, dass mein Freund Tom als vergleichsweise unheilbar germanophil bezeichnet werden muss. Nach ein paar weiteren Unmutsäußerungen seinerseits, fragte ich Max, wie er denn zusammenfassend sein Verhältnis zu den Deutschen bezeichnen würde. «Ambivalent», brummte er.

Am ambivalentesten ist das Verhältnis des Deutschschweizer Zeitungslesers, womit wir wieder bei den Medien wären, zu jenem Nachrichtenmagazin aus Ha-Ha, das sich selbst stets in GROSSBUCHSTABEN schreibt. Tröstlich immerhin, dass offenbar auch des deutschen Zeitungslesers Verhältnis zum Großbuchstabenblatt ambivalent ist: «Ich lese den SPIEGEL höchstens jede zweite Woche», erzählte mir einst eine Bekannte aus Berlin. «Würde ich es jede Woche tun, dann müsste ich mich angesichts all der trostlosen Neuigkeiten, die drin stehen, wegen Depressionen behandeln lassen.» Sogar deutsche Journalisten scheinen ein ambivalentes Verhältnis zur *big fat mama* der Branche zu haben, nicht zuletzt jene, die dort arbeiten, wie aus gewöhnlich gut unterrichteten Kreisen verlautet.

Aus Schweizer Sicht lässt sich Folgendes sagen: Es ist immer wieder die helle Freude, mit wie viel Witz («der Fränkli-Schwur»), Originalität («Der Berg ruft»; «Der Berg ruft»; «Nicht nur der Berg ruft»), Liebe zum Detail («Mit Feuerwerk und Bauernbratwürsten feiern die Eidgenossen den Geburtstag ihres Alpenlandes») und intimer Sachkenntnis («der Rüetli-Schwur») der *Spiegel* über unser Land berichtet. Was die Sachkenntnis betrifft, muss dem arglosen deutschen Leser vielleicht erklärt werden, dass es in der Zentralschweiz eine legendäre Wiese gibt, auf der, wie es bei unserem Nationaldichter Schiller nachzulesen ist, der ewige Bund der Eidgenossenschaft geschlossen wurde. Allein, die Wiese heißt «Rütli» und nicht «Rüetli», wie es in ein und demselben *Spiegel*-Artikel gleich zweimal geschrieben stand. Dass in der *Neuen Zürcher Zeitung* von «Bissmark» oder dem «Brandtenburger Tor» die Rede wäre? Undenkbar.

Die meisten Schweizer haben ihren Kleinstaatkomplex so weit unter Kontrolle, dass sie es verwinden können, wenn einem Ausländer die Hauptstadt des Kantons Tessin nicht geläufig ist (Bellinzona) oder er sonstige Wissenslücken über das Land offenbart. Es gibt sogar Schweizer, die haben ihren Kleinstaatkomplex dermaßen unter Kontrolle, dass sie auch mit herablassenden Bemerkungen über ihr Alpenrepublikchen gut zurande kommen. Understatement gehört bei uns schließlich zum Geschäft. Wo es aber schwierig wird: Wenn Ignoranz mit Arroganz sich paart und augenzwinkernde Schmunzelprosa mit den ewig gleichen Pointen gebiert («Fränkli», Goldbarren, Kühe et al.). Der Schweizer, wahlweise ein semi-debiler Berg-Troll, ein frohgemuter *Idi Alpin*, dem eine handgeschnitzte Pfeife aus dem bärtigen Gesicht baumelt und der, wenn er nicht gerade Alphorn bläst, meckernde Geißlein auf die Weide treibt. Oder der Schweizer als kalter, verklemmter, kinnloser Banken-Gnom, ein Nummernkonto-Verwalter und Goldbarren-Horter, seit Anbeginn der Welt bis zu ihrem Untergang.

Im Juni 2007, Gründe schleierhaft, gab der *Spiegel* eine Spezialausgabe zur Schweiz heraus. Da war mehr Schweiz drin, als in den einundsechzig vorangegangenen *Spiegel*-Jahren zusammen. Auf dem Cover des Heftes, das sich notabene nicht an deutsche Leser, sondern an uns Eingeborene richtete, war das Matterhorn abgebildet. Das hat uns natürlich schwer elektrisiert. Das ist, wie wenn ein englisches Magazin eine Frankreich-Sondernummer mit dem Eiffelturm bebilderte. Da denkt jeder Pariser: Oh, la, la, die haben sich aber etwas einfallen lassen, die Engländer. Das muss ich haben, *tout de suite*!

Das Geschriebene fiel für einmal weder durch Unkenntnis noch durch Herablassung auf und enthielt sogar Freundlichkeiten. Das war quasi strukturell bedingt, denn das Heft entstand unter dem Kommando von *Spiegel*-Schweizern. Trotzdem sei es, so befand der Zürcher *Tages-Anzeiger*, «deutsch wie Hitlers Schäferhund, der mit Günter Grass gedankenschwer eine Bockwurst teilt». Bankgeheimnis, Schweizergarde und furzende Kühe seien exakt die Themen, die von Hamburg aus noch halbwegs interessant schienen. «Wahrscheinlich», bilanzierte der enttäuschte Rezensent, «ist die Schweiz wirklich kein aufregendes Land – wenn man nicht zufällig dort lebt.»

Ich bin zum Schluss gekommen, dass es sich bei dieser eigenartigen und seither nicht mehr wiederholten Übung um den

Versuch der Wiedergutmachung für all die in der Vergangenheit an uns begangenen publizistischen Grausamkeiten handelt. Der Versuch soll insofern honoriert werden, als wir hiermit zugeben: Wenn er nicht gerade über uns berichtet, bewundern wir den *Spiegel* für seine allumfassende, nachgerade enzyklopädische Gründlichkeit, mit der er die Welt Woche für Woche auf gefühlten zweieinhalbtausend Seiten beschreibt, erklärt und durchrecherchiert; für die unnachahmliche Erstens-Zweitens-Drittens-Systematik, mit der er ihr zu Leibe rückt; für seinen unbestechlichen Pessimismus, mit dem er die Ursachen für ihren unaufhaltsamen Niedergang schlüssig und faktenreich darlegt. Und wir erschaudern fasziniert vor dieser prinzipienfesten, hornbebrillten Coolness, mit der seine Journalisten all die übrigen Erdenwesen und ihr unvollkommenes Tun behämen und ihnen unablässig Zensuren verteilen. Zumeist ungenügende, versteht sich.

Einen derart gnadenlosen Wächter, man möchte sagen: Rottweiler der Aufklärung und aller anderen Lebenslagen, so was haben wir in der Schweiz nicht. Chapeau.

Aber ginge es nicht ein wenig charmanter? Ein klitzekleiner Lacher alle zwei Monate? Ein Gramm guter Laune in jeder fünfundzwanzigsten Ausgabe? Und einmal jährlich, vielleicht zu Weihnachten, ein wenig weniger Strenge, dafür winzige Zeichen des Zweifels, andeutungsweise Eingeständnisse der theoretisch denkbaren eigenen Fehlbarkeit und Spurenelemente von, huch, Selbstironie?

Selbstironie, es wurde im vorherigen Kapitel angedeutet, ist ein Schlüsselwort zum Verständnis der schweizerisch-deutschen Beziehungen. Wir sind überzeugt, dass wir reichlich davon haben – so viel, dass wir manchmal selber nicht mehr wissen, was an unserem Land ernst gemeint, was ironisch oder gar Realsatire ist –, während wir den Deutschen die genetischen Voraussetzungen, diesen Charakterzug auch nur ansatzweise zu entwickeln, gänzlich absprechen.

Wenn in der TV-Werbung eine Föhnfrisur mit Biberbacken «Fakten, Fakten, Fakten» bellt und dabei so wichtig dreinschaut, als sei sie John F. Kennedy auf dem Höhepunkt der Kuba-Krise, worauf aus dem Off eine martialische Stimme «Montag ist *Focus*-Tag» schnarrt, dann führt das beim durchschnittlichen Schweizer Fernsehzuschauer zu einer Übersäuerung der Magenschleimwände oder bestenfalls zu einen Lachanfall.

Natürlich findet der heilige deutsche Medienernst bei uns eine gewisse Entsprechung. Aber *so* heilig und *so* ernst? Eine gedruckte Mahnwache wie die *Frankfurter Rundschau*? Eine tägliche Ladung erdbebensicherer Selbstgerechtigkeit wie in der *taz*? Eine griesgrämige Stirnfurche der Nation, wie es die hochwohlgeborene *Zeit* während Jahrzehnten war? Letzteres hätte ich jetzt nicht schreiben sollen, denn ich bin befangen. Als junger Reporter einer Schweizer Zeitschrift wurde ich einst vom obersten publizistischen Organ des Blattes zur Interview-Audienz empfangen: Marion Gräfin Dönhoff, dies mein ganz persönlicher Eindruck, der sich in mir aufgrund eines fünfunddreißig Minuten kurzen Gesprächs formierte, während dessen mir ein Assortiment an überheblichen Verlautbarungen entgegengenäselt wurde, Oberst Dönhoff war eine ziemlich herrische Person; ein charmeloser Gastgeber dazu. In der Schweiz, spottete Oscar Wilde, der König des Spotts, gebe es bekanntermaßen weder Aristokraten noch Könige. Nur Untertanen. In Hamburg durfte ich erleben, dass anderswo weiterhin zwischen Unter- und Obertanen, zwischen Knecht und Reiterin unterschieden wird. Ein traumatisches Erlebnis für einen aufrechten Tellensohn, das ich nur dank der heilenden Kraft der Lyrik verarbeiten konnte:

*Zwischen uns
stand der Stand.*

Da wir uns im erweiterten Umfeld des Themenkomplexes Selbstironie befinden, noch einige Zeilen zu Harald Schmidt. Er ist in gewisser Weise selber ein Medium, weshalb er durchaus in dieses Kapitel hineinpasst. Es ist ja nur eine kleine Minderheit, die Herrn Schmidts Späße verfolgt beziehungsweise ihnen überhaupt folgen kann. Doch von dieser Minderheit verehrt eine Mehrheit von nahezu totalitärem Ausmaß Herrn Schmidt als heilige Madonna der Satire. Oder tat das zumindest bis vor einigen Monaten. Dieses puerile Angehimmel ist vermutlich ein kleines Beispiel für das, was die große Margarete Mitscherlich die «geradezu lächerliche deutsche Sucht nach Vorbildern» nannte. Wobei zugegeben sei, dass Herr Schmidt auch in der Schweiz zahlreiche Jünger hat(te). Eine Zeitlang galt man im hiesigen Referenzmilieu als einfältiger und schlechter Mensch, wenn man beim Namen Schmidt nicht so fest in Wallung geriet, als sei soeben die höschenlose Paris Hilton vorbeigelaufen. Ich bin einer dieser einfältigen Menschen. Ich habe mir alle Mühe gegeben, Harald Schmidt genial lustig zu finden, habe es aber nie ganz geschafft. Natürlich fühle ich mich deswegen schuldig und sehr humorlos. Wie lässt sich mein Scheitern erklären? Manchmal sehe ich mir auf einem Kabelsender eines der amerikanischen Pendants an, Jay Leno, Conan O'Brien, solche Sachen. Die finde ich dann genial lustig. Kann an einem antideutschen Humorvorurteil liegen, aber vielleicht auch daran: Einer wie Jay Leno will erstens, zweitens, drittens und viertens sein Publikum unterhalten. Dafür unternimmt er alles. Dafür setzt er sich auch mit Leidenschaft und mit spielerischer Selbstironie als Ekel in Szene. Harald Schmidt hingegen will erstens, zweitens, drittens und viertens sich und seine Brillanz zelebrieren. Ich, Genius der Bildungsbürgernation. Wenn sich das Publikum dabei auch noch gut unterhält, *tant mieux*. Seine Auftritte, so habe ich immer den Eindruck, enthalten bestenfalls strategisch eingesetzte Selbstironie; die «Ich bin ein Ekel»-Pose kommt bei ihm mehr von innen. Mir ist das einfach nicht so sympathisch, und ich fühle mich beim Zusehen oft ein wenig unwohl, irgendwie.

Im Zuge der Lektüre für dieses Büchlein ist mir aufgefallen, dass Deutschlands sogenannt progressiven Kreise unter einer eigenartigen Obsession leiden: der Spießer-Obsession. Der progressive Deutsche scheint sich in permanenter Kampfbereitschaft gegen jegliche Form von aufkeimendem Spießertum zu befinden. Seine größte Angst: dass er selbst des Spießertums bezichtigt werden könnte – eine Beleidigung, die schlimmer wäre als «Kinderschänder» oder «Nazi». Unter den glühendsten Antispießern finden sich sehr viele Journalisten. Selbst in den Texten von ansonsten vollkommen sympathischen Zeitgenossen ist spätestens dann fertig lustig, wenn ein Fachwerkhaus ins Blickfeld rückt. Wie spießig! Oder ein Schrebergarten. Superspießig! Oder ein Fettwanst, der seinen Rasen mäht. Pfui, Spießer! Gewiss, große Schriftsteller wie Ödön von Horváth haben dem Spießertum ein literarisches Denkmal gesetzt und beschrieben, wie brutal und sackgefährlich so ein Spießer sein kann. Das ist aber siebzig Jahre her. Heutzutage tendiert man außerhalb Deutschlands eher zu der Meinung: Nichts ist spießiger, als anderen Leuten Spießigkeit vorzuwerfen.

Unter besonderem Spießerverdacht stehen bei Deutschlands Spießerjägern die Bayern und die Schwaben. Oder generell: all jene, die ein bisschen Dialekt reden. Zudem alle, die in Ortschaften mit reinlichen Straßen leben. Und alle, die, wenn sie «Harz» hören, zuerst an eine Bergwanderung denken und nicht an böse Reformen, die es zu bekämpfen gilt. Und natürlich alle, die pünktlich zu Verabredungen erscheinen, anstatt eine coole halbe Stunde zu spät. Aus diesem Wertekanon (es handelt sich schon fast um eine Wertekanone) geht zwingend hervor, wer vom deutschen Antispießer für den größten Spießer gehalten wird: der Schweizer.

Hier liegt möglicherweise ein von der Forschung vernachlässigter Grund für unsere latente Deutschland-Aversion. Mögen uns die Deutschen? Sind sie uns wohlgesinnt? Verstehen sie unser Land? Finden sie unser Land gut? Eigentlich wissen wir es nicht. Gestern zum Beispiel war ich mit einem Freund im Restaurant. Unsere Tischnachbarn zur Linken, zur Rechten und hinter uns waren Deutsche. Aber natürlich geht man nicht zu denen hin und fragt, wie es ihnen hier so gefällt und was sie von uns halten. Was uns aber bekannt ist, ist das Schweiz-Bild, das von den deutschen Medien vermittelt wird. Vor allem von jenen Medien, die mit vielen progressiven Journalisten bestückt sind: *Spiegel*, ARD, *taz*, *Frankfurter Rundschau* und dergleichen. Und die scheinen unserem Land im Großen und Ganzen nicht übermäßig freundlich gesinnt zu sein. Wie geschildert, verbreiten sie – nicht immer, aber immer wieder – ganz gerne das Klischee vom drolligen, hinterwäldlerischen, etwas lächerlichen und eben spießigen Kleinstaat. Ein Schweizer, der davon ausgeht, dass das Schweiz-Bild der Medien mit dem der Bevölkerung übereinstimmt, wird möglicherweise ein gewisses Unbehagen verspüren, wenn er

Deutschen begegnet. Und er wird sich fragen: Wieso soll ich Leute mögen, die uns doof finden?

Was der gemeine Schweizer eben nicht mitbekommt: Jene, die so über sein Land schreiben und reden, schreiben und reden genau gleich über Bayern, Schwaben, Schrebergartenbesitzer, Rasen-Mäher und was sonst noch vor den Lauf ihrer fortschrittlichen Wertekanone kommt. Wenn der *Spiegel* über die fidelen Bayern berichtet, dann muss zwingend immer eine Prise «Ja mei»-Kolorit in den Artikel hinein. Und wenn das Blatt mit einem Ostdeutschen spricht, einem richtigen Original-Ossi aus dem tiefsten Ossistan, der seine Stelle als Klempner aufgeben musste, dann kann man den unmöglich sagen lassen: «Das hatte gesundheitliche Gründe, ich hatte auch Rückenprobleme.» Nein, da muss dann schon stehen: «Ditt hatte gesundheitliche Gründe, ick hatte ooch Rückenprobleme.» Damit signalisiert man: Achtung Dialektzone; Achtung Trottelalarm; hurra, es darf geschmunzelt werden.

Wenn «spießig» der linke Haken im Schlagrepertoire des progressiven Mediendeutschen darstellt, dann heißt die rechte Gerade: «provinziell». Dieses Wörtchen erfreut sich vor allem bei Journalisten aus den Sparten Kultur und Gesellschaft großer Beliebtheit, die es im publizistischen Nahkampf als besonders vernichtende Form des Verrisses einsetzen. Nehmen wir den letzten Film jenes Schweizer Regisseurs, der in Berlin lebt und sich auf Seite 93 dieses Büchleins darüber gewundert hat, dass der sprichwörtliche deutsche Kampfgeist selbst an einer Kissenschlachtparty in der Alternativszene zum Vorschein kommt. Der Film hieß «Schwarze Schafe» und ist eine ultra derbe Berlin-Komödie, in der allerlei Körpersäfte aufs Unappetitlichste leinwandfüllend herumspritzen. Wobei «ultra derb», dies als Einschub, relativ ist:

In Deutschland gibt es diese wunderbar deutsche Einrichtung namens FSK – Freiwillige Selbstkontrolle der Filmwirtschaft. Dieses freiwillig seinesgleichen kontrollierende Gremium befand, dass dieser Film erst ab 18 Jahren verkraftbar sei. In der spießigen Schweiz gilt so eine Einschränkung allenfalls noch für Pornostreifen, während bei «Schwarze Schafe» ganze Schulklassen inklusive Lehrer im Kino saßen. Und in Großbritannien wird Comedy von vergleichbarer Härte, etwa die famose *League of Gentlemen*, von der ehrenwerten BBC im Fernsehen ausgestrahlt.

Dennoch ist verständlich, dass ein Film wie «Schwarze Schafe», Einschub beendet, nicht jedermanns und jederfraus Sache ist. Eine aufrechte Rezensentin der aufrechten *taz* zum Beispiel echauffierte sich inbrünstig über den «bescheuerten, postpubertären Schwank». Das geht völlig in Ordnung, kann man, je nach Wertekanone, die man geladen hat, so sehen. Interessant ist das Finale furioso: Via Hinweis, man könne sich gut vorstellen, dass derartige Drehbücher an einem Workshop in «sagen wir mal, Münster» ausgeheckt würden, konkludiert die empörte Kritikerin: So ein Film bereite «höchstens einigen männlichen Spätzündern in der Provinz Spaß». Daraufhin kam es auf der Webseite der Zeitung, wie das heute so ist, zu Wortgefechten zwischen dem Pfui- und dem Hurra-Lager (der Film war trotz allem ziemlich erfolgreich). Tatsächlich ging es nicht lange, bis ein ganz Vehementer aus dem Pfui-Lager den zweitbesten Trumpf nach «Provinz» ausspielte: Ein solches Werk, schrieb er, würden höchstens «Spießer» für aufregend halten. Auf die Herkunft des Regisseurs anspielend und darauf, dass der Film ohne Fördergelder zustande kam, schob der Superantispießer nach: «Da wurde bestimmt das eine oder andere Schweizer Nummernkonto angesaugt.» Ei, ei, ei: Ausgrenzung eines seit vielen Jahren in Deutschland lebenden Migranten unter Zuhilfenahme plattester nationaler Stereo-typen – hätte man einem *taz*-Leser nicht unbedingt zugetraut.

Ich blicke mit erheblichem Amüsement auf diese intensive Ablehnung des Provinziellen durch die progressive Antispie-ßernationale. Ebenso auf die damit zusammenhängende und in den einschlägigen Medien immer wieder erörterte Frage, in-wieweit Berlin eine richtige Weltstadt ist, beinahe ist, endlich wieder ist, hoffentlich bald wieder ist, niemals sein wird. Diese Themen kommen mir bekannt vor. Ich kenne sie aus meinem Heimatstädtchen (376 000 Einwohner), das eine sehr speziel-le Mischung ist aus erstaunlichem Metropolenkonzentrat und kleinteiligem Ärgernis. Der innovative Teil der hiesigen Jugend setzt alles daran, mittels origineller Aktivitäten die Illusion der Metropole gegenüber der Realität der Kleinteiligkeit aufrecht-zuerhalten. Verständlicherweise freut sich diese Jugend über die in der internationalen Presse sporadisch erscheinenden Lo-beshymnen auf ihr Städtchen und fürchtet sich vor dem Urteil «provinziell». Hingegen bin ich noch nie in meinem Leben ei-nem Londoner oder New Yorker begegnet, der sich eine Sekunde lang über solche Dinge Gedanken gemacht hat. Ich kann mich auch nicht erinnern, in dreieinhalb Jahren London je von einem Einheimischen gehört zu haben, er finde diese Stadt oder jenen auswärtigen Künstler «provinziell». Ganz einfach darum, weil ein Londoner davon ausgeht, dass der ganze Rest rundherum oh-nehin Provinz ist. Das ist aber nicht als Herabsetzung des ganzen Restes gemeint, sondern wird bloß als nicht weiter erwähnens-werte Tatsache vorausgesetzt.

So gesehen ist die mediendeutsche Spießer- und Provinz-phobie: ziemlich provinziell.

Zum Abschluss dieses Kapitels noch ein Wort zu jenem deutschen Medium, das uns Schweizern, nebst dem *Spiegel,* wohl am vertrautesten ist: die ARD. Der Sender ist für uns gleichzeitig ständiger Begleiter («Tatort», «Sportschau») wie auch leicht verstörendes Signal aus einer fremden Fernsehwelt. Früher in der DDR, so habe ich mir sagen lassen, stand ARD für «Außer Rügen und Dresden», wobei man deren Programm bei Nebel und Hochdruckwetterlagen ausnahmsweise auch in Rügen empfangen konnte und Dresden aufgrund der angedeuteten Empfangsschwierigkeiten auch «Tal der toten Augen» genannt worden sei. Bisweilen scheint sich der deutsche Volksmund, dies nur nebenbei, durch einen beeindruckenden Sprachwitz auszuzeichnen. Dem schönen Buch *In meinem kleinen Land* von Jan Weiler über eine Lesereise durch Deutschland entnehme ich, dass die Anhänger von Fortuna Düsseldorf die in ihrem alten Stadion erhältliche Wurst – ein rotes, längliches Stück Fleisch – «Apachenpimmel» nannten. An anderer Stelle habe ich gelesen, dass unter den VW-Arbeitern in Wolfsburg die ihnen angebotene Currybockwurst «Schichtpimmel» heißt.

Ein bisschen schniedelfixiert, die ollen Deutschen, könnte man einwenden, was aber ganz bestimmt nicht auf die ARD-«Tagesschau» zutrifft. Die ist so phänomenal nüchtern, steif und spröde! Die mimikfreien, eintausend Prozent emotionslosen, aufrecht wie ein Senkblei dastehenden Nachrichtensprecher; das spartanisch-strenge Dekor; das Signet der Sendung, das so blechern und blutleer tönt wie … keine Ahnung. Jedenfalls verströmt die «Tagesschau» einen sehr speziellen Charme, der mich immer ein wenig an die Band Kraftwerk und ihren Klassiker «Wir sind die Roboter» erinnert. Und ich denke jedes Mal: Genau so muss Fernsehen in der DDR ausgesehen haben. Zumindest vor

den Ende der fünfziger Jahre von den dortigen Rundfunkbehör-
den eingeführten Neuerungen. Also liebe Rügener und Dresdner:
nix verpasst!

 Tierwelt

Die Kühe

Ich bin zu der Überzeugung gelangt, dass die deutsche Nation unter einer Kuhfixierung leidet. Dies gilt für das Volk im Allgemeinen wie für die Medien im Besonderen. Selbst ein ansonsten so honoriges Blatt wie die *Süddeutsche Zeitung*, das bekanntlich in einem alpin-ruralen Freistaat beziehungsweise Staatssplitter beheimatet ist und es deswegen besser wissen müsste, illustriert jeden Beitrag, der von der Schweiz handelt, einem pawlowschen Reflex gehorchend, sofort mit einer Kuh. Sogar dann, wenn es in dem Beitrag vorwiegend um Zürich geht oder um Genf. Ich frage mich, ob in München auf der Wiesn Bisonherden weiden, wenn nicht grad dieses urban-distinguierte Oktoberfest am Schunkeln, Lallen und Rülpsen ist.

In der Schweiz leben über siebzig Prozent der Einwohner in Städten oder städtischen Agglomerationen. Auch wenn diese städtischen Gebiete im Vergleich zu den Verhältnissen in Deutschland kleinräumige Gebilde mit geringen Einwohnerzahlen sind, weisen sie oft Merkmale städtischen Lebens auf – Kultur, Kino, Ausländer, Thai-Lokale und häufig eine gepflegte Parkanlage für unsere mit europaweit unerreichter Inbrunst kiffende Jugend. Diese Gebiete verfügen mit anderen Worten über all das, was man in deutschen Städten mit weniger als einer halben Million Einwohnern vergebens sucht. Ich war mal in Gütersloh. Das ist eine Art Township für Weiße. Und abends ist etwa gleich viel los wie auf dem Sunset Boulevard, damals in den guten alten Zeiten des Pleistozäns[+].

Und weil wir Schweizer zu mehr als siebzig Prozent nicht in Berghütten hausen, pflegen die wenigsten von uns persönlichen Kontakt zu Kühen. Nur eine Minderheit hat je einen Kuheuter gestreichelt. Oder bei der Käseernte mitgeholfen. Oder in ein Alphorn geprustet. Apropos: Das Instrument auf dem leicht bizarren Umschlag dieses Büchleins (ich war nur für die Buchstaben verantwortlich, nicht für die Gestaltung – leider!), dieses Instrument ist kein Alphorn – ein solches misst rund vier Meter –, sondern ein Alphörnchen, wie jeder sehen kann. Der korrekte Begriff hierfür lautet Büchel. Das weiß ich von meinem Freund Tom. Er ist nicht nur sehr klug, sondern auch eine Art Wikipedia auf zwei Beinen. Beim Pisa-Quiz könnte er Deutschland im Alleingang um ein halbes Dutzend Plätze nach vorne bringen. Das wäre immer noch ziemlich weit hinten, aber immerhin.

Weil ich unsere deutschen Kuhfreunde keinesfalls enttäuschen möchte, habe ich kuhschweizspezifisch recherchiert. Dies ist, was ich herausgefunden habe:

Bei uns in der Schweiz kann man Kühe auch mieten. Und

[+] **An das deutsche Bildungsprekariat: Pleistozän (früher auch *Diluvium*) bezeichnet den erdgeschichtlichen Zeitabschnitt, der vor rund 1,8 Millionen Jahren begann und vor 1200 Jahren endete. Der Volksmund spricht von Eiszeit.**

zwar bei der Familie Albert & Mandy Breitenmoser in 9050 Appenzell. Nähere Informationen hierzu gibt es auf der Homepage *www.kuehe-mieten.ch*. Bei Redaktionsschluss noch mietbar waren u.a. die Kühe Wanda, Hostess, Bleika und – für Deutsche natürlich besonders reizvoll – ein Exemplar namens Pisa.

Für dieses Büchlein habe ich mich auch mit Klaus J. Stöhlker unterhalten. Ich gehe davon aus, dass der in Ludwigshafen geborene und seit Urzeiten in Zollikon bei Zürich lebende Mann dem Leser nicht näher vorgestellt werden muss. Auf seiner Homepage steht nämlich: «Klaus J. Stöhlker zählt aufgrund seiner langjährigen Erfahrung und seines großen Bekanntheitsgrads in Medien, Gesellschaft und Politik im gesamten deutschsprachigen Raum zu den herausragenden Köpfen der europäischen PR-Branche.»

Bei meinem Besuch in seinem Büro in besagtem Zollikon fragte mich Herr Stöhlker, nachdem ich ihm von meiner Absicht, ein Büchlein über Deutsche und Schweizer zu schreiben, berichtet hatte, als Erstes:

«Und wie lautet Ihre These?»

Ertappt, um nicht zu sagen beschämt, musste ich gestehen, dass ich über eine solche nicht verfüge. Aber jetzt habe ich eine. Keine große, die für ein ganzes Buch reicht, aber eine kleine, die mich zum Ende dieses Kapitels retten wird.

These: Die wahre Kuhnation, das sind die Deutschen.

Den Nachweis hierfür lieferte die zweimal wöchentlich erscheinende Fachzeitung «Schweizer Bauer» in ihrer Ausgabe vom 25. Juli 2007. In der Rubrik «Feld und Stall» war folgender Beitrag zu lesen, den ich hier in leicht gekürzter Fassung wiedergebe:

Schweiz geht leer aus

Das deutsche Fleckvieh stammt von den Schweizer Simmentalern ab. Und noch immer ist das deutsche Fleckvieh eine Zweinutzungsrasse wie die Simmentaler. Dennoch machen die Deutschen und nicht die Schweizer das Geschäft in Holland. Für Thomas Grupp liegen die Gründe auf der Hand: «In Fundament und Euter sind uns die Schweizer zwar noch immer voraus, aber punkto Milchleistung können die Original Simmentaler nicht mithalten.»

Aber auch das Swiss Fleckvieh, also die Schweizer Fleckviehkühe mit einem Red-Holstein-Blut-Anteil von 12,5 % bis 75 %, sei für die Deutschen keine Konkurrenz: «Swiss Fleckvieh hat zu viel Red-Holstein-Blut. Gerade bei den Kälbern nimmt die Bemuskelung mit dem RH-Blut massiv ab.» Allerdings führt auch das deutsche Fleckvieh einen Schuss RH-Blut, und zwar vor allem auch durch den Schweizer Stier Redad, dem James-Red-Sohn aus Diamant Astrid. «Redad hat sich wirklich bewährt, aber seither hatten wir kaum mehr Erfolg mit Schweizer Stieren, egal ob reine Simmentaler oder Swiss Fleckvieh», erklärt Grupp.

Andreas Bigler, Verantwortlicher für Auswertungen und Zuchtwertschätzung beim Schweizerischen Fleckviehzuchtverband (SFZV), sieht die Situation ähnlich: «Das deutsche Fleckvieh hat zwar Defizite im Euterbereich, aber punkto Milch ist es besser als unsere Simmentaler und punkto Fleisch besser als Swiss Fleckvieh.»

 Fußball

Weltmeister ist, gottlob, Argentinien

Der 18. Juni 1972 war ein Sonntag. Ich war damals sechs Jahre klein. Irgendwann im Verlauf des Nachmittags ging ich ins Wohnzimmer, wo mein Vater sich die Übertragung eines Fußballspiels ansah. Erst viele Jahre später realisierte ich, dass mein Vater sich an jenem Tag furchtbar gelangweilt haben muss. Sonst hätte er sich kein Fußballspiel angesehen. Er war ein in England ausgebildeter Inder, der sich wenig aus Sport und gar nichts aus dieser albernen Proletenzerstreuung namens Fußball machte. Was er damals noch nicht wissen konnte: Schon sehr bald würde der eigene Sohn einhundertzwanzig Prozent seiner Freizeit mit genau dieser Sportart verbringen. Das war für den Vater aber kein Grund, seine Meinung zu ändern. Es brauchte dann schon den Einzug meines U-14-Teams ins Schweizer Pokalhalbfinale, bis er sich erstmals dazu durchringen konnte, einen Fußballplatz aufzusuchen. Wir gewannen übrigens, und das Endspiel wurde tatsächlich im Allerheiligsten des bundesdeutschen Sportwesens ausgetragen: im Berner Wankdorf.[+] Aber damals, an jenem 18. Juni 1972, sagte mir Fußball noch nicht allzu viel. Ich fragte meinen Vater, wer denn da spiele. Deutschland gegen die Sowjetunion, klärte er mich auf. Das Europameisterschaftsfinale. Nur noch wenige Minuten. Die Deutschen würden gewinnen. Ich kann mich nicht mehr daran erinnern, ob ich das Spiel zu Ende gesehen habe. Woran ich mich aber mit ziemlicher Sicherheit zu erinnern glaube: Ich fand das nicht gut, dass die Deutschen gewinnen.

Jetzt stellt sich natürlich die Frage: Wie kommt ein ahnungsloser sechsjähriger Schweizer Bub dazu, etwas gegen einen Europameister BRD zu haben?

Solche und ähnliche Fragen hat sich im Lauf der Jahrzehnte manch aufrechter Schweizer Sportskamerad gestellt. Eine abschließende Antwort wurde bislang nicht gefunden. Sollte dies mir gelingen, was ich bezweifle, dann müsste man mich mit dem Bundesverdienststollenschuh auszeichnen. Bei uns heißt es übrigens *Töggelischue*, nicht Stollenschuh.

Schon vor 22 Jahren, anlässlich des Endspiels der Fußballweltmeisterschaft in Mexiko zwischen Deutschland und Argentinien, befasste sich die Zürcher *Weltwoche* mit diesem Phänomen, das hier BND-Snydrom genannt werden soll (BND: «Bloß nicht

+ **Wankdorf: Natürlich war es die englische Journaille, die selbst vor der Verspottung einer solch gebenedeiten Stätte nicht zurückschreckte. Dies, indem sie sich den Umstand zunutze machte, dass die vier Buchstaben vor «Dorf» auf Englisch jene Tätigkeit bezeichnen, bei der sich ein Mann ganz allein ein wenig Freude verschafft. Als dann beim Abriss des Wank-Dorfs auch noch der Name der Heimmannschaft auf der Insel publik wurde, war das Gaudi perfekt: Young Boys Bern.**

Deutschland»). Unter der hierzulande jedem Conaisseur geläufigen Überschrift «Weltmeister ist, gottlob, Argentinien» ging der Autor der Frage nach, «warum die Schweizer ihren Nachbarn die Niederlage im WM-Final so herzlich gönnen». An jenem Sonntagabend habe sich «so gegen 21 Uhr 37 ein stöhnender Aufschrei durch Zürichs Altstadt ergossen». Das war der Moment, als Rudi Völler für Deutschland den Ausgleichstreffer zum 2:2 erzielte. Drei Minuten später, als dem Argentinier Burruchaga das Siegestor gelang, «hallte dann aber Triumphgeheul durch die Gassen». Mit helvetischer Perfidie ergänzte der Autor: «Jedenfalls sagt das meine Tochter. Ich selber kann es nicht bestätigen, da zu sehr mit Jubeln beschäftigt.» Nebst «durchaus ehrbaren Regungen, die uns juchzen ließen», so gestand er, seien auch niedere Instinkte im Spiel gewesen: Neid, Schadenfreude. Alles in allem oszillierte der Verfasser des Beitrags, der eine eher eingeschnappte Replik in der *Zeit* provozierte, zwischen bußfertiger Selbstbezichtigung und Häme – diesem «Gefühl der tiefen inneren Zufriedenheit», wie der deutsche Satiriker Wiglaf Droste einst erkannte.

Andere Schweizer Blätter traten nach: «Wir sind wie immer neutral. Uns ist es gleich, wer die Deutschen schlägt», frotzelte die *Schweizer Illustrierte*. Und das angesehene Fachblatt *Sport* befand schnöde: «Hauptsache, die Deutschen verloren.» Irgendwann musste sogar der Botschafter der Bundesrepublik Stellung nehmen. Er tat das so cool, wie Rummenigge und Völler damals ihre Torchancen verwerteten: «Gefühle gegen Nachbarn kommen nun einmal aus der Tiefe des Gemüts – seien es Garten- oder nationale Nachbarn.»

Weniger gelassen nimmt es heutzutage unsere deutsche Community, die sich, immer wenn WM oder EM ist, mit der hierzulande eher geringen Popularität ihrer «Elf» konfrontiert sieht.

Nach der Weltmeisterschaft 2006 sagte ein sichtlich aufgewühlter Neu-Einwanderer einem Reporter des Schweizer Fernsehens: «Es ist die Hölle, als Deutscher in der Schweiz Fußball zu kucken. Egal, gegen wen Deutschland spielt, die sind immer alle für das andere Land. Immer! Alle! Die sind sogar für Costa Rica, auch wenn die nicht einmal wissen, wo das liegt.» Ein aus Hamburg stammender Spitzenkoch sprach von «fanatischer Freude» über deutsche Niederlagen. Ein in Luzern ansässiger Marktforscher schilderte, wie er einmal im Deutschland-Trikot zur Arbeit ging: «Die Kollegen konnten mich gar nicht richtig anschauen. Als ob ich 'ne ansteckende Krankheit hätte.»

Selbst bestens eingelebte und allseits beliebte Einwanderer (sie wurden im Kapitel Volkskunde dieses Büchleins als «Schwer-in-Ordnung-Deutsche» ausführlich gewürdigt) schlagen sich bei diesem Thema mit düsteren Gedanken herum. Sven formuliert es so: «In sieben Jahren Schweiz hat mein Deutschsein kein einziges Mal zu einem negativen Erlebnis geführt. Ich habe mehr Angst, in Berlin in der U-Bahn als Schwuler angequatscht zu werden als hier als Nazi. Die einzigen Geschichten, wo ich wirklich gesagt habe, das mach ich nicht mehr mit, sind Fußballspiele.» Andreas brummt: «WM 2002, ich sitze in einer angesagten Bar in Zürich und schaue mir Deutschland gegen Irland an. Die Stimmung ist eher flau. Dann schießen die Iren in der 91. Minute den Ausgleichstreffer. Plötzlich liegen sich fünfzig Schweizer in den Armen und benehmen sich wie durchgedrehte Hooligans. Seither schaue ich nur noch privat. Das war einfach zu demütigend.»

Auch Holger – mein alter Bekannter aus Bielefeld, der noch nie in seinem Leben *tutti frutti* gesagt hat und derzeit von einer Schweiz-Krise heimgesucht wird –, auch er weiß Schreckliches zu berichten: «Ich bin mit Fußball aufgewachsen, ich bin sehr pro Deutsch im Fußball. Die erste WM in der Schweiz, das war ein richtiges Schockerlebnis. Dann ist es alle zwei Jahre wieder aufgebrochen, und zwar ziemlich bestialisch. In unserer WG herrschte immer ein paar Wochen lang schlechte Stimmung. Sogar zwischen mir und meinem engsten Schweizer Freund. Wir beide haben jahrelang zusammengewohnt, wir haben Unterhosen getauscht, wir sind noch heute ein Herz und eine Seele. Aber sobald es um die deutsche Fußballmannschaft geht, dann knallt's.»

Aufgrund jahrzehntelanger Beobachtung der Verhältnisse würde ich behaupten: Die Intensität des BND-Syndroms hat in jüngster Zeit eher abgenommen. Die Klagen aber, die häufen sich. Interessanterweise scheint es sich so zu verhalten: Je größer sie wird, unsere deutsche Community, desto empfindlicher reagiert sie auf unsere fehlende Zuneigung gegenüber germanischem Fußwerk. Ich finde, unsere Mitbürger legen mangelnde internationale Härte an den Tag. Daher möchte ich, im Sinne eines Trainingslagers, davon absehen, mich jenen meiner Landsleute anzuschließen, die glauben, sich für unsere «ewig latent vorhandene Schadenfreude» (*Basler Zeitung*) entschuldigen zu müssen. Stattdessen erlaube ich mir, der deutschen Wehleidigkeit einige sachlich-objektive Hinweise entgegenzustellen:

Der oben erwähnte Ausgleichstreffer Irlands in der 91. Minute ist in Österreich, England und den Niederlanden garantiert mit derselben Inbrunst gefeiert worden. Wieso sollen wir uns als einzige Nation in Europa eines solchen Vergnügens enthalten? Und: Macht man sich in Deutschland nicht gerne über die Neutralität der kuriosen Eidgenossen lustig? Nun sind wir zur Abwechslung mal alle zwei Jahre nicht neutral, und dann ist es auch wieder nicht recht. Das soll einer verstehen.

Kommt hinzu, dass es sich die Deutschen ganz allein selbst zuzuschreiben haben, wenn man sich an ihren Niederlagen erbaut. Schließlich haben sie in der Vergangenheit viel zu erfolgreich Fußball gespielt. Als die UdSSR nach neun Titeln in Folge 1972 endlich einmal nicht Eishockey-Weltmeister wurde, jubelte jeder Schlittschuhläufer außerhalb der Sowjetunion den Bezwingern aus der kleinen, sympathischen Tschechoslowakei zu. Wenn ein überhebliches *Dream Team* völlig überraschend nicht Basketball-Olympiasieger wird, freut sich jeder auch nur halbwegs an dieser Sportart interessierte Nichtamerikaner. Und was bitte ist im Rest von Deutschland los, wenn Bayern München ein Pokalfinale verliert oder die Meisterschaft vergeigt? Letztes Beispiel: Am 24. Juni 1974 kam es in Hamburg zu jenem super legendären WM-Gruppenspiel zwischen der Bundesrepublik und der DDR, das von Letzterer 1:0 gewonnen wurde. Viele Schweizer freuten sich damals über das Resultat – Ausdruck einer antideutschen Haltung kann das nur schwerlich gewesen sein. Ebenso wird niemand, der nicht vollkommen gaga ist, behaupten wollen, der kommune Schweizer Fußballfan sei halt Mitte der siebziger Jahre ein verkappter Sozialist und stiller Bewunderer des real existierenden Honeckerismus gewesen. Nein, es ging damals wie heute um etwas viel Banaleres: Gescheiterte Favoriten, besiegte Seriensieger, triumphierende Außenseiter, Große für einmal ganz klein – genau das wollen Sportsfreunde rund um den Globus nun mal erleben (die eigene Mannschaft selbstredend ausgenommen). Warum soll man da für die deutsche Nationalelf eine Ausnahme machen?

Auch aus diesem Grund brauchen sich die Deutschen nicht zu wundern, wenn wir ihre Niederlagen wie eigene Siege feiern: Gemäß Selbstdeklaration sind sie Export-Weltmeister, Weltmeister im Aluminiumsammeln, Weltmeister der Herzen, Fußballweltmeister sowieso, Weltklasse im Autobau, hoffentlich bald wieder Weltspitze im Skispringen sowie demnächst unbedingt endlich auch im Pisa-Wettrechnen. Den Weltuntergang haben sie bereits erfolglos zu inszenieren versucht, dafür verdankt ihnen die Welt den Weltschmerz und den Weltgeist, und seit Neustem sind die Deutschen laut *Spiegel* auch noch allesamt Weltbürger.

Ginge es auch ein bisschen kleiner?

Wer so penetrant immer nur das Absolute, Größte, Höchste und Beste zur Richtschnur macht, der verdient es, hin und wieder an die eigene Endlichkeit und Fehlbarkeit erinnert zu werden. Aber gut, ich gebe zu: Sollte ein deutscher Leser diese Zeilen beherzigen und, als Geste der Demut, künftig nur noch von «Europameister» und «Europaklasse» reden, dann hat er spätestens beim Thema Fußball ein Problem. Das letzte Mal, das Deutschland bei einer EM ein Spiel zu gewinnen vermochte, war bekanntlich am 30. Juni 1996 (dank Oli Bierhoffs Wursteltor in der Verlängerung gegen Tschechien). Zeitzeugen, die das noch selbst erlebt haben, sind bald so rar, wie jene, die Wilhelm II. persönlich gekannt haben. Die himmeltraurige Bilanz könnte an der diesjährigen Euro durchaus ihre Fortsetzung finden. Mogelt sich die deutsche Mannschaft mit drei Unentschieden auf den zweiten Gruppenplatz, dann trifft sie am 19. Juni 2008 im Basler St. Jakob Park im Viertelfinale auf die Schweiz. Und tschüss.

PS. Diese Zeilen wurden lange vor dem Eröffnungsspiel obiger Veranstaltung geschrieben. Sollten sich die Dinge wider Erwarten anders entwickeln, werde ich Manns genug sein, mich der geballten Häme der deutschen Leserschaft zu stellen. Und zwar unter folgender E-Mail-Adresse: *gummihaelse@yahoo.de.*

Was haben die Schweizer gegen deutschen Fußball? Ich kann

nur für meine Generation der Junggebliebenen sprechen: 1972, als Deutschland angeblich einen traumhaft schönen Fußball spielte, waren wir noch zu klein, um uns davon betören zu lassen. Das erste Begebnis, das sich in unser Gedächtnis einätzte, trug sich zwei Jahre später zu: Bernd Hölzenbein macht eine Schwalbe, und Deutschland ist Weltmeister. (Auf Kosten der Holländer, des charmantesten Ballkunst-Ensembles aller Zeiten.) 1976: Der Hoeneß schießt einen Elfer Richtung Firmament, und Deutschland ist nicht Europameister. Selbst die Deutschen haben darüber gelacht. *Next*: Bei der WM 1978 lässt sich Deutschland im argentinischen Córdoba von den *Öschis* nach Hause schicken – eine der gelungensten Pointen in der Geschichte des Sports. 1980: Deutschland macht's in der 89. Minute – Europameister. Wie oft hat es Deutschland in der 89. Minute gemacht? Siebenhundert Mal? Zwanzig Millionen Mal? Immer, immer, immer? Auf jeden Fall gilt: Wenn jemand, wie ich, das Unglück hat, in einem Land geboren worden zu sein, das Fußballspiele während Jahren in der 89. Minute *verlor* (bestenfalls in der 89. Minute), dann ist so was schlicht unerträglich.

Womit der betrübliche Moment gekommen wäre, ein paar Worte über das WM-Turnier des Jahres 1982 in Spanien zu verlieren. Zuerst der Beschiss von Gijón, als sich Deutschland und Österreich mittels Nichtangriffspakt den Einzug in die nächste Runde erschlichen. Das Ganze auf Kosten der reizenden Algerier, die an jenem Tag stellvertretend für sämtliche Underdogs des Weltfußballs aus dem Turnier gemobbt worden waren. In Algerien gewann wenige Jahre später die Islamische Heilsfront die Parlamentswahlen. Muss kein Zufall sein.

Und was die Deutschen betrifft: Ich glaube, «Gijón» allein hätte ausgereicht, um allfällig vorhandene Sympathien für deren Fußball auf absehbare Zeit kaputtzumachen. Aber dann kam ja noch «Sevilla». Jene Partie, in der Frankreich im Elfmeterschießen bezwungen wurde, nachdem man in der Verlängerung 1 : 3 hinten gelegen hatte. Und auf dem Weg zu diesem Sieg, der den Einzug ins Finale brachte, verhinderte der deutsche Torwart Toni Schumacher vor ein paar hundert Millionen Fernsehzuschauern ein todsicheres Tor der Franzosen mittels vorsätzlicher Körperverletzung am heranstürmenden Patrick Battiston. Um später mit dem Satz «Ich zahl' ihm die Jacketkronen» verbal nachzulegen. – Ich habe das Spiel zu Hause zusammen mit meiner Mutter verfolgt. Der Fairness halber sei erwähnt, dass die Mutter meiner Mutter (man hätte jetzt auch schreiben können: meine Großmutter) Französin war. Andererseits: Meine Mami war etwa gleich stark an Fußball interessiert wie mein Papi. Also zéro. Sie schaute einfach mit, weil ihr geliebter einziger Sohn schauen wollte. Nach dem Schlusspfiff hatte sie Tränen in den Augen.

Vielleicht ist das der geschmackloseste Satz dieses Büchleins: Seit den Tagen Adolf Eichmanns hat kein Auftritt eines Deutschen dem Ansehen des Landes mehr geschadet. Jedenfalls griff die französische Presse zu Formulierungen wie «Schumacher SS» und «Gestapo-Mentalität», die renommierte Sportzeitung *L'Equipe* titelte «Toni Schumacher: Beruf Unmensch», der spanische *El País* sprach von «Geschwür und Barbarenanführer», Bundeskanzler Helmut Schmidt und der französische Staatspräsident François Mitterrand sahen sich veranlasst, zur Beschwichtigung der Gemüter eine gemeinsame Erklärung herauszugeben. Diese Zwischenbemerkung kann ich mir nicht verkneifen: Wenn ein paar Schweizer den späten Ausgleich des Außenseiters Irland gegen Favorit Deutschland begrölen oder eine unserer Zeitungen schreibt, dass «gottlob» Argentinien obsiegte, dann ist das vergleichsweise liebevoll und von geradezu rührender Harmlosigkeit. Daher möchte ich all den in unser Land gezogenen Mimosen ans Herz legen, künftig ein wenig zurückhaltender mit dem Gebrauch des überstrapazierten und unangebrachten Begriffs «Deutschenhass» umzugehen.

Was nicht heißt, dass es nach der WM in Spanien mit unserer Zuneigung für den deutschen Fußball nicht endgültig vorbei gewesen wäre. Zart aufkeimende Gefühle der Versöhnung wurden 1990 von Rasenkaiser Franz plattgewalzt, mit dem Hinweis, die wiedervereinigten Ländereien würden «auf Jahre hinaus unschlagbar sein».[+] Weltmeister im Den-Mund-Vollnehmen: Das auf jeden Fall.

Was folgte, war Routine: Innige Freude über den Sieg der Dänen (EM-Finale 92), Schadenfreude über das deutsche Ausscheiden bei den Weltmeisterschaften 94 und 98, keine Freude über den Gang der Dinge bei der EM 96 («Ein Alptraum ist wahr geworden. Der EM-Final heisst Deutschland – Tschechien!»), schrieb die Schweizer Boulevardzeitung *Blick*), ebenso keine Freude über den deplatzierten Einzug der Deutschen ins Finale der deplatzierten WM in Japan und Südkorea; schließlich ungläubige Schadenfreude über deren Monumentalblamagen bei den Euro-Turnieren 2000 und 2004.

Nun sind wir bei dem vielleicht kritischsten Punkt in der Geschichte der hingebungsvollen helvetischen Abneigung ge-

---

+ Sein Vorgänger, der weiter oben erwähnte Wilhelm II., war mit seinen Prognosen ähnlich treffsicher: «Ich glaube an das Pferd. Das Automobil ist nur eine vorübergehende Erscheinung.»

gen den bundesadlerischen Über-den-Kampf-ins-Spiel-finden-Kraftfußball angelangt: der Leistung der Deutschen bei ihrer Heim-WM 2006. Ich nehme einen tiefen Schluck aus der Jack-Daniel's-Flasche, die, wie bei jedem anständigen Schreiberling, auf meinem Pult ihrer Leerung harrt, und sage: Nicht schlecht, nicht schlecht. Ich nehme nochmals einen Schluck und ergänze: Es war auch keine Ballung von Unsympathen, die da im Deutschlandtrikot kickte. Ich nehme einen weiteren Schluck und lalle: Halbfinale hoch verdient; es hätte auch mehr werden können.

Die zwei Stunden Schlaf haben mir gut getan. Ich bin wieder nüchtern. Ich ergänze: Der wichtigste Mann in der Entourage der deutschen Mannschaft hieß und heißt Urs Siegenthaler. Er ist Chefscout beim DFB und: Schweizer. Der wichtigste, okay: einer der wichtigsten Stürmer im Sommer der Gastfreundschaft hieß Oliver Neuville. Er ist in der Schweiz aufgewachsen, wie mir jeder sofort glauben wird, der ihn schon mal hat reden hören. Der *one and only* Assistenz- und heutige Bundestrainer der bezaubernden Erfolgstruppe heißt Joachim Löw. Er hat lange Jahre in der Schweiz gewirkt, dort sein Trainerdiplom erworben und schwäbelt dermaßen grenznah, dass auf unserer Seite des Rheins, immer wenn er spricht, die Kühe wohlgefällig zu muhen beginnen. Nicht umsonst sprach die *Süddeutsche Zeitung* von einer «schleichenden Helvetisierung» des deutschen Fußballs. «Selbst der Trainer», schrieb das Blatt, «wurde in der Schweiz gegründet.» Allerdings gewann man bei der Lektüre des Beitrags den Eindruck, der Verfasser sei sich nicht ganz sicher, ob er das mit der Helvetisierung gut finde soll. Sind halt irgendwie noch keine Synonyme, «Schweiz» und «Erfolg im Weltfußball».

Vielleicht erleben wir derzeit eine historische Zeitenwende, und das Verhältnis der Schweizer zum deutschen Fußballtum ist tatsächlich im Begriff, sich zu entkrampfen. Doch bekanntlich ist es immer ein langwieriger und schmerzhafter Prozess, liebgewonnene Gewohnheiten aufzugeben. Das musste auch Roman erfahren, unser in diesem Büchlein bereits mehrfach in Erscheinung getretener Fernsehmoderator, den wir für die WM 2006 an den deutschen Bezahl-Sender Premiere ausgeliehen haben. Roman erzählte mir, dass er sich «fest vorgenommen» hatte, sich während des Turniers mit den Deutschen und ihrem Team mitzufreuen, wenn er schon von einer dortigen Fernsehstation engagiert werde. Wieso er dann trotzdem in seiner Kommentatorenbox hockte und dachte, «HOFFENTLICH bekommen die heute auf den Grind» (auf die Rübe), dafür hat Roman keine abschließende Erklärung gefunden. Er könne nur spekulieren. Dazu muss man vorausschicken, dass Roman von seinem Arbeitgeber ziemlich geschlaucht wurde: jeden Tag vier bis fünf Stunden auf dem Sender; wenn Deutschland spielte manchmal noch länger, damit die Reporterkollegen ungestört mit ihrer «Elf» mitfiebern konnten. Einmal geschah es – Roman war ein wenig übermüdet vom vielen Moderieren und Kommentieren –, dass er aus Versehen «Schwarz-Rot-Gelb» sagte. Es verging keine Sekunde, bis ihm der Regisseur zornesentbrannt aufs Ohr brüllte:

«DAS HEISST SCHWARZ-ROT-GOLD!!!»

Roman: «Ich habe gedacht, das ist mein Rückflugticket.» Er durfte dann trotzdem bleiben – wahrscheinlich weil man eben einen *Löli* (Trottel) brauchte, der während der Auftritte der deutschen Mannschaft für die anderen schuftete. Was Roman Mühe machte: wie im Verlauf des Turniers die Stimmung mehr und mehr ins Fanatische gekippt sei. Einmal habe er sich auf der Fanmeile in

Berlin unter die Zuschauer gemischt. Vielleicht sei es die historische Kulisse gewesen, vielleicht die Masse: «Mit der Zeit fand ich es auf jeden Fall nicht mehr nur schön und gesund, was da abging. Diese ‹Sieg›-Rufe. Dieses Zusammenrücken. Diese Typen mit den verzerrten Gesichtern und den hervortretenden Halsadern, die ‹Doitschland› brüllen. Da ging es um mehr als um Begeisterung und Ausgelassenheit.» Und wenn sich in der Premiere-Redaktion nach einem Tor der eigenen Mannschaft zwanzig Sportjournalisten in den Armen gelegen seien, habe er sich gefühlt wie in einem Fan-Container von «Big Brother». «Wir Schweizer, wir malen uns ein weißes Kreuzlein auf die Wange und hüpfen ein bisschen herum. Aber eine solch militante Begeisterung zu entwickeln, dazu sind wir nicht imstande.»

Ich weiß schon, wovon der Roman spricht. Gleichzeitig ist es halt so, dass der Fußballsport nicht nur in Deutschland militante Begeisterung entfacht. Wenn dem Schweizer Verteidiger Philippe Senderos (FC Arsenal London, Klubkollege von Jens Lehmann, allerdings weniger häufig auf der Ersatzbank als dieser), wenn also dem Senderos bei der WM ein wichtiges Kopftor gelingt und er dabei seine Gesundheit riskiert, dann bejubelt auch das hiesige Publikum seine blutende Stirnwunde als Emblem heroischen Siegeswillens. Was ich aber für wahrscheinlich halte: Dass bei den Deutschen die Humorlosigkeit des Gewinnenwollens ausgeprägter ist als bei uns Schweizern.

Mit sechzehneinhalb Jahren fuhr ich mit meinen Eltern nach Italien in die Sommerferien. Genauer: Mit sechzehneinhalb Jahren *musste* ich mit meinen Eltern nach Italien in die Sommerferien fahren. Anstatt meine Zeit mit Sinnvollerem zu verbringen. Zum Beispiel: Mit der Freundin nach Italien fahren. Meine Rettung hieß Luca. – Luca und ich spielten damals in derselben

Juniorenmannschaft. Unser Verein hieß übrigens Young Fellows Zürich. Einfach kosmopolitisch, diese Eidgenossen. Luca – ein Schweizer italienischen Ursprungs, wie der Name verrät – machte mit seiner Familie im gleichen Ort Urlaub wie wir. Ich glaube, seine Verwandtschaft stammte aus der Gegend, weshalb er sich sommers dort aufhielt. Luca war ein super Typ. Außer auf dem Fußballfeld. Dort war er eine technisch brillante, aber ineffiziente, unbeherrschte, egomanische, katastrophal launische, pomadisierte Italoschwuchtel. Einmal bestritten wir ein alles entscheidendes Spiel gegen den Abstieg aus der höchsten Juniorenklasse. Eine Stunde vor dem Anpfiff kramte Luca ein Transistorradio aus der Sporttasche. So erfuhr er, dass der AC Mailand in die Serie B absteigen musste. Er begann zu heulen. Der AC Mailand, schluchzte er, sei nach der Familie das Wichtigste in seinem Leben. Daraufhin ließ er den Trainer wissen, er sehe sich heute außerstande, Fußball zu spielen. Luca war unsere Nummer 10. Nach langem Zureden lief er dann doch auf. Er spielte miserabel. Wir stiegen ab.

In jenen Sommerferien kamen Luca und ich auf einem unserer Streifzüge durch das örtliche Abendleben an einem Sandplatz vorbei. Soviel ich weiß, spricht man in Deutschland auch von «Aschenplatz». Finde ich merkwürdig. Schließlich wird auf so einem Platz Sport getrieben und nicht geraucht. Auf jeden Fall war dort eine bunte Schar Fußball spielender Menschen versammelt. Einheimische Kinder, dicke und dünne Touristen, ein bisschen Dorfjugend. Alles in allem eine Schar, die schwer nach «Wir treten einen Ball und hampeln fidel übers Feld» aussah. Eine Schar also, die eindeutig unter dem Niveau zweier austrainierter, kurz vor dem internationalen Durchbruch stehender Rohdiamanten des Weltfußballs wie Luca und (vor allem) mir war. Die einheimischen Kinder und Dorfjugendlichen fragten uns, ob wir nicht mittun wollten, dann würde es für ein Spiel übers ganze Feld gegen die Touristen reichen. Möglichst gelangweilt, möglichst cool zuckten wir mit den Schultern: Wenn's denn sein muss. Wir fühlten uns wie Bud Spencer und Terence Hill, die soeben von einer Horde Kobolde zu einer Prügelei aufgefordert worden waren.

Die dicken und dünnen Touristen waren mehrheitlich Deutsche. Dass Luca die Bälle mit dem Außenrist streichelte wie kein Zweiter auf dem Feld, ließ sie vollkommen unbeeindruckt. Dass ich meinen neusten Hackentrick zum Besten gab, war ihnen egal. Dass Sommer war und Ferien und ein harmloses, zufällig zustande gekommenes Spielchen ohne jegliche Bedeutung ausgetragen wurde: egal. Die deutschen Touristen wollten gewinnen. Sie überrannten uns, sie grätschten die Bälle ins Tor, sie brüllten sich an, wenn einer einen Fehlpass spielte. Sie gewannen.

Vielleicht übertreibe ich ein wenig. Vielleicht trügt meine Erinnerung. Vielleicht entsprachen die eifrigen deutschen Touristen gar nicht so perfekt dem Klischee des verbissenen Teutonen, sondern nur ein bisschen. Das Gedächtnis ist bekanntlich ein unzuverlässiger Kumpel mit Hang zur Dramatisierung und zur Aufschneiderei. Woran ich mich aber schon erinnere: Wie verblüfft Luca und ich waren. Es überstieg unser Vorstellungsvermögen, dass sich ein paar Urlaubskicker *nicht* von unserer überlegenen Spielkunst würden beeindrucken lassen. Wir waren fast ein wenig eingeschnappt, angesichts des unziemlichen Widerstands. Dabei war es keineswegs so, dass wir nicht gewusst hätten, wie uns zu wehren, denn bei den Partien im Verein ging es sehr wohl zur Sache. Aber in dieser Situation waren wir einfach nicht darauf gefasst. Wir konnten nicht mehr umschalten. Entweder locker-elegant oder gar nicht. Wir hielten es für unter unserer Würde dagegenzuhalten. Dann lieber verlieren und lästern. – Manchmal können Schweizer und Deutsche ganz schön verschieden sein.

Der kluge Schwanitz hat mal geschrieben, in der Vergangenheit hätten sich die Schweizer den Deutschen gegenüber so verhalten, wie es Verwandte von Kriminellen tun. Man hilft ihnen, will aber möglichst nichts mit ihnen zu tun haben. Die widersprüchliche Haltung – ebenso wie die manchmal etwas ungleich verteilte Zuneigung zwischen den beiden Völkern – findet in der Geschichte der gemeinsamen Fußballspiele ihren Widerhall. Das erste Länderspiel in der Geschichte des Deutschen Fußball-Bundes DFB? 1908 gegen die Schweiz. Die erste Partie der als Kriegstreiber geächteten Deutschen nach dem Ersten Weltkrieg? 1920 gegen die Schweiz. Das erste Länderspiel der international völlig isolierten und aus dem Weltfußballverband Fifa ausgeschlossenen Deutschen nach dem Zweiten Weltkrieg? 1950 gegen die Schweiz. Der erste Gegner nach der Wiedervereinigung? Die Schweiz. Zum hundertjährigen Jubiläum des DFB? Schweiz.

Es ist nicht so, dass die unmittelbar nach den Weltkriegen ausgetragenen Partien unserem Land besonders viel Beifall aus dem Rest Europas eingetragen hätten. So sagte Belgien 1920 aus Protest ein Länderspiel ab, und als 1948 drei Schweizer Vereinsmannschaften trotz eines von der Fifa verhängten Verbots nach Stuttgart, München und Karlsruhe reisten, um gegen dortige Auswahlen anzutreten, wurden sie mit Bußen belegt und von der ausländischen Presse scharf kritisiert. Dabei erfüllten die Begegnungen aus Schweizer Sicht durchaus einen pädagogischen Zweck. Darauf drängend, das Spielverbot gegen Deutschland aufzuheben, schrieb ein Vertreter des Schweizer Fußballverbandes an die Fifa: «Der Deutsche muss, soll er geheilt werden, wieder in Kontakt mit der anderen, der demokratischen Welt gebracht werden.» Und die Zeitung *Sport* forderte ihre Leserschaft gar auf, sich mittels Spenden an den ausgesprochenen Bußen zu beteiligen – «zur Unterstützung des Sportgeistes, gegen den Paragraphengeist». Ein Leser, der einen Beitrag einzahlte, schrieb: «Vorher Bücklinge vor Nazi-Deutschland, jetzt Eselstritte und Rückenschüsse für alle, die aus Deutschland eine Demokratie schaffen wollen.»

Die Deutschen ihrerseits zeigten sich stets dankbar für die Treue der Verwandten. Bei der Nachkriegspremiere von 1920, die auf dem Zürcher Utogrund stattfand, beging die deutsche Auswahl lediglich zwei Fouls. Der ungarische Schiedsrichter gab zu Protokoll, nie zuvor eine Mannschaft gesehen zu haben, die «so vornehm» spielt. Das war ganz im Sinne der Gesandtschaft des Deutschen Reiches in Bern, die vor der Partie verlauten ließ: Man wünsche nur Spieler zu sehen, die «über die entsprechenden gesellschaftlichen Formen verfügen, um der deutschen Sache nicht zu schaden». Schon möglich, dass die Zurückhaltung der deutschen Gäste einen gewissen Einfluss auf das Schlussresultat hatte: 4:1 für die Schweiz. Im März 1922 das Rückspiel in Frankfurt (2:2): Auf dem Rathausplatz werden die Schweizer von 40000 Menschen empfangen, bereits auf der Bahnfahrt wird ihnen überall zugejubelt. In seiner Begrüßungsrede sagt ein Stadtrat: «Wir Deutsche werden es niemals vergessen, dass die Schweiz zu einer Zeit, wo die ganze Welt gegen uns stand, ihre unbedingt neutrale Haltung nicht verleugnet hat. Unter dem Symbol, das ihrem Wappen entstammt, dem Roten Kreuz, hat sich ihr ganzes Volk in den Dienst der Barmherzigkeit gestellt. Unsere Schweizer Gäste und die freie Eidgenossenschaft leben hoch!»

Am 22. November 1950 dann das erste Länderspiel eines Nationalteams der anderthalb Jahre zuvor gegründeten BRD. Das Stadion in Stuttgart, in dem man die Schweiz empfängt, heißt jetzt Neckarstadion und nicht mehr «Adolf-Hitler-Kampfbahn». 100 000 Zuschauer sind gekommen, andere Quellen sprechen von 115 000. Der lokale *Sportbericht* schreibt anderentags: «Die Schweiz ist eine Großmacht des guten Willens, der wir unendlich viel verdanken.» Das Ergebnis, eins zu null für die Heimmannschaft, ist Nebensache. Zumindest für die Deutschen. Der Schweizer *Sport* befindet: «Im Ganzen waren die deutschen Spieler schneller, härter, wuchtiger.» Eine Einschätzung, die sich in etwa mit der von Luca und mir dreieinhalb Jahrzehnte später deckte.

1961 trägt die Schweiz gegen Schweden eine Entscheidungspartie um die Teilnahme an der WM in Chile aus (Schweiz gewinnt). Gespielt wird in Berlin. Das ganze Stadion unterstützt die Schweizer – Ehrensache. Zu seinem hundertjährigen Bestehen gibt der Deutsche Fußball-Bund 1998 einen Jubiläumsband heraus. Er zählt 620 Seiten, hat die Ausmaße eines Telefonbuchs einer Großstadt und wiegt etwa drei Tonnen (ich musste ihn aus der Bibliothek heimschleppen). Es geht darin von der ersten bis zur letzten Seite um nichts anders als um den deutschen Fußball und dessen zu einem guten Teil stolze, immer aber bemerkenswerte Geschichte. Engländer, Franzosen, Brasilianer, Italiener, sie alle haben in dem Buch wenig verloren und kommen bloß als Statisten vor. Ein Kapitel aber heißt: «Danke, Schweiz!»

Zur Abwechslung wende ich mich mal an die Schweizer Leser meines Büchleins, von denen es ja wohl auch ein paar geben wird: Hallo, Miteidgenossen, wer von euch nicht ein Herz aus Granit hat, dem muss es nach dem eben Geschilderten so ergehen wie mir, als ich erstmals von alledem vernommen habe: Man bekommt ein schlechtes Gewissen – all die heiteren Stunden, die wir auf Kosten deutschen Fußballunglücks verbracht haben.

Sind wir Schweizer undankbar? Von Missgunst durchdrungen? Von «absurdem Schweizerpatriotismus, der wie der Schweizerkäse vom Schafe stammt und ebenso gelbsüchtig und neidisch wie jener aussieht», um es mit dem doofen Nietzsche zu sagen, der ein passionierter Schweiz-Hasser war, obwohl ihn die Basler jahrelang durchfütterten?

Die richtige Antwort lautet: nein.

Erstens: Wie reagiert man, wenn der kleine Schnuckelprinz beim Mittagessen den Saft ausschüttet, wenn ihm ein Rülpserchen entfährt (unser unwiderstehlicher Mundartausdruck hierfür lautet: *Görps*, diminutiv *Görpsli*) oder wenn er «Papi, Stinkstachelschwein» quietscht? Richtig, man fährt ihm liebevoll über den Kopf und sagt, wenn's hoch kommt, leise tadelnd «aber, aber». Denn wir Kleinen, wir dürfen alles! Und im Fußball sind wir, die wir uns manchmal unserer Kleinheit grämen, die wir sie manchmal ignorieren, kaschieren und in vielerlei Hinsicht erstaunlich Großes fertigbringen, im Fußball sind wir, im Vergleich zu Deutschland, sehr klein. Daran ändert auch die stattliche Zahl von Schweizer Bundesligaprofis nichts. Der DFB ist der größte Sportverband der Welt. Er hat sechseinhalb Millionen Mitglieder. Das sind fast so viele, wie die Schweiz Einwohner zählt. Deutschland wurde dreimal Welt- und dreimal Europameister und stand weitere sechs Mal im Finale. Die Schweiz wurde auch zweimal Europameister: einmal bei den U17 Junioren und einmal inoffiziell bei den Olympischen Spielen von 1924. Unsere Länderspielbilanz gegen Deutschland: 49 Spiele, 35 Niederlagen. Der letzte von acht Siegen, die wir in hundert Jahren zustande gebracht haben? Am 21. November 1956 in Frankfurt.

Überhaupt ist Frankfurt ein gutes Pflaster. Dort wurde die Basis für einen der beiden letzten großen Triumphe im Schweizer Klubfußball gelegt: Die Qualifikation von Grasshoppers Zürich fürs Uefapokal-Halbfinale (weiter schaffte es noch kein Schweizer Verein). Im Frankfurter Waldstadion verlor man gegen die Eintracht mit 2:3 Toren. Doch daheim gewann man 1:0. Danke, Auswärtstorregel! Und ich war live dabei! Sah zu, wie nach dem Schlusspfiff ein Eintracht-Fan auf einen Schalensitz eintrat. Das schüchterte mich ziemlich ein, diese deutsche Aggression gegen Schweizer Mobiliar. Ich war halt noch klein. Ist auch eine Weile her: Wir sprechen vom 14. März 1978.

Zweitens. Es ist nicht so, dass wir immer nur austeilen, während uns die braven Deutschen ausschließlich ihre uneingeschränkte Sympathie bekunden. Nehmen wir die traurigen Ereignisse an jenem Juni-Abend in Köln im Jahre 2006: Die Schweiz verliert das WM-Achtelfinale gegen die Ukraine, nachdem sie im Elfmeterschießen dreimal hintereinander nicht getroffen hat. Damit es nicht wieder heißt, wir täten uns schwer mit Selbstkritik, sei hier ohne Wenn und Aber zugegeben: Dieses Spiel war nicht so gut. Und als WM-Teilnehmer drei Elfmeter zu verschießen, ist, ähm, auch nicht so gut. Immerhin sei darauf hingewiesen, dass es in jüngerer Zeit ähnlich nicht so gute Endrundenspiele gab. Man denke an England gegen Ecuador oder – noch schlimmer – an die EM-Partie 2004 zwischen Kroatien und, ähm, der Schweiz.

Nun gehört es zweifelsohne zu den Aufgaben der freien Presse, offen und ehrlich über solche Geschehnisse zu berichten. Aber muss es denn gleich so sein, wie es die Deutschen über unser Ausscheiden gegen die Ukraine taten? «Gurkenkick unterirdischer Qualität zwischen zwei semibegabten Mannschaften»

(*Süddeutsche Zeitung*); «120 Minuten Fußball vom Unterhaltungs-wert des Treffens einer schweizerisch-ukrainischen Handelsde-legation» (*Frankfurter Allgemeine Zeitung*); «Trottelschweizer» (*Bild*). Überhaupt steigerte sich die *Bild*-Zeitung in einen wahren Spott-Rausch. Bildunterschrift zum ersten Schweizer Elfmeter: «Nix Törli». Zum zweiten: «Nix Törli». Zum dritten: «Nix Tör-li». Fazit der Boulevardgurgeln: «Wilhelm Tell traf aus 60 Metern den Apfel – diese Schweizer aus nur 11 Metern gar nix.» Kommt hinzu, dass es keineswegs nur die böse Presse war, die sich über uns lustig machte. Ein Schweizer *Zeit*-Redakteur berichtete von der «morgendlichen Hämetirade» seiner Arbeitskollegen und davon, wie ein anonymer Quälgeist auf einen an ihn adressier-ten Brief «gute Heimreise» kritzelte. So chauvinistisch-infantil geht's also heutzutage bei der *Zeit* zu und her. Aber, aber. Wenn das die Gräfin miterlebt hätte.

Auf kaum einem anderen (symbolischen) Terrain wird einem sensiblen Schweizerknaben, wie ich ihn beispielhaft verkörpere, die Kleinheit, die Unterlegenheit und die Bedeutungslosigkeit des geliebten Heimatlandes so drastisch vor Augen geführt wie im Fußball. Und wenn einem das auch noch von den deutschen Nachbarn in der ihnen eigenen rücksichtsvollen Art um die Oh-ren gehauen wird, dann verringert sich halt die Bereitschaft, ihren Erfolgen zu applaudieren und ihren Niederlagen mit Rousseau-schem Mitgefühl zu begegnen. Eine ARD-Sportschau vor vielen Jahren. Zwischen den Spielberichten zweier Bundesligapartien verliest der Moderator eine Meldung vom soeben zu Ende gegan-genen Schweizer Pokalfinale. Der sensible Schweizerknabe ist freudig überrascht: Unser Pokalfinale wird im deutschen Fernse-hen erwähnt! Der Moderator verkündet das Resultat und ergänzt: «Die Partie erreichte zu keinem Zeitpunkt Bundesliga-Niveau.»

Für den Knaben fühlte sich die Bemerkung wie eine Ohrfeige an. Jeder wusste doch, dass der Schweizer Klubfußball schlecht war. Schließlich kickten in der heimischen Liga fast ausschließlich Amateure. Die Bemerkung des Sportmoderators war etwa so überflüssig, wie wenn sich ein Schweizer auf einer Hollandreise damit brüstet, dass wir besser Ski fahren.

Unvergessen auch ein Freundschaftsspiel in Basel 1974 gegen den, wie man so sagt, frisch gebackenen Weltmeister Deutschland. Der sensible Knabenpatriot hatte sich den Besuch des Spiels zum Geburtstag gewünscht. Die Schweiz verlor nur 1:2, hatte aber keine Chance. Neben mir standen ein paar Deutsche. Dass ich mir in deren Beisein mitansehen musste, wie meine Mannschaft vorgeführt wurde, war mir unangenehm. Zum Glück war da noch unser Stürmeridol Kudi Müller. Berufsfußballer bei Hertha BSC, 24 Bundesligatore in 80 Partien, später zum neuntbesten Angreifer der Vereinsgeschichte gewählt. Kudi Müller zeigte einen phantastischen Fallrückzieher, der beinahe zu einem Tor für die Schweiz geführt hätte. «Haben Sie das gesehen!», sagte ich stolz zu dem Deutschen neben mir. Er antwortete: «Das hat er bei uns gelernt.»

Das sind natürlich alte Geschichten. Aber alte Geschichten, vor allem jene aus der eigenen Kindheit, prägen sich einem nun mal ein und können bis zu einem gewissen Grad das Zustandekommen ansonsten irrationaler Präferenzen erklären. Dann gibt es natürlich noch die ganz alten Geschichten. Schließlich war Deutschland im 20. Jahrhundert nicht nur ein Nachkriegsland, sondern auch ein Vor- und ein Kriegsland. Und da empfanden wir unsere Nachbarn nicht immer als so harmlos-dankbar-freundlich, wie oben beschrieben.

Als sich die Mannschaften der beiden Länder am 2. Mai 1937

in Zürich zu einem Freundschaftsspiel trafen, reisten aus dem süddeutschen Raum mehr als zehntausend Anhänger an – sehr viele ausgerüstet mit Hakenkreuzfahnen und -wimpeln aller Größen. Das kam bei der lokalen Bevölkerung nicht gut an. Einer Gruppe von Deutschen, so hieß es später in einem Gestapo-Protokoll, wurden «ihre Fähnchen entrissen, die Fahnen zerfetzt und damit über das Gesäß gefahren. Der dabeistehende Polizist ließ dies ruhig geschehen.»[+] Bei der Promenade am Zürichseeufer, berichtete ein Augenzeuge, seien deutsche Anhänger «von dreißig- bis vierzigjährigen Frauenpersonen angerempelt und mit Nazipack tituliert» worden. Zwei Anhänger, die sich auf der Straße mit «Heil Hitler» begrüßten, wurden von Einheimischen als «Sauschwoben», «Barbaren» und «Nazihunde» tituliert. Andere Zürcher verwickelten die deutschen Besucher in politische Diskussionen, vor allem auf der Fahrt mit der Straßenbahn zum Stadion. Einem Ehepaar, das sich «voll und ganz zu unserem Führer» bekannte, wurde beschieden: «Wenn wir so einen Führer hätten wie ihr, hätten wir ihn schon längst mit Scheißdreck verschossen.» Und ein älterer Mann schrie: «Habt ihr euer Adölfe nicht mitgebracht?»

Während der Partie, so berichtete ein junger Mann aus Stuttgart, hätten «immer in dem Moment, wo bei den deutschen Schlachtenbummlern die Hakenkreuzfähnchen hochgingen, um ihren Spielern zuzuwinken, Pfuirufe eingesetzt». Zuvor war auf das Abspielen der Nationalhymnen verzichtet worden, vermutlich, um den deutschen Spielern keinen Anlass zum Hitler-Gruß

+ **Die hier wiedergegebenen Zitate sind einem Beitrag des Historikers Werner Trapp entnommen, erschienen in der *Aargauer Zeitung* vom 3. Mai 1997.**

zu geben. Als diese nach dem Schlusspfiff ihre Arme doch noch in die Höhe reckten, wurden sie von den erbosten Zuschauern ausgepfiffen. Da waren die vermeintlich zu ausgeprägtem Opportunismus neigenden Schweizer standhafter als einige Monate später die Engländer bei einem Spiel in Berlin. Auf Geheiß des britischen Botschafters hob die ganze Mannschaft den Arm zum Hitler-Gruß. *Appeasement* nannte sich das.

Was den Deutschen das «Wunder von Bern»[*], ist älteren Schweizern das Mirakel von Paris. Am 9. Juni 1938, ein gutes Jahr nach dem Freundschaftsspiel in Zürich, treten die beiden Mannschaften im WM-Achtelfinale im Parc des Princes erneut gegeneinander an. Hier die kleine Schweiz, dort die Mannschaft «Großdeutschlands», die jetzt aus deutschen und österreichischen Spielern besteht. Der *Völkische Beobachter* überschreibt seine Vorschau mit «60 Millionen Deutsche spielen in Paris». Nach einem 0:2-Rückstand gewinnt die Schweiz mit 4:2. Das Land steht Kopf. Jubelnde Menschen ziehen durch die Straßen, Extrablätter erscheinen, der Parlamentspräsident unterbricht eine Debatte, die vornehme *Neue Zürcher Zeitung* berichtet erstmals auf ihrer Frontseite von einem Fußballspiel. Das *Limmattaler Tagblatt* freut sich, dass «die sportlichen Vertreter des demokratischen Viermillionenvolkes die Repräsentanten des unter militärischer

---

[*] **Das angebliche «Wunder von Bern» ist für uns Schweizer nahezu bedeutungslos. Das Einzige, was uns von der WM 54 in Erinnerung bleibt: In unserem unglückseligen Viertelfinale gegen Österreich lagen wir 3 : 0 vorne. Dann erlitten ein oder sogar zwei Spieler einen Sonnenstich. Weil man damals keine Auswechslungen vornehmen konnte, verloren wir noch mit … Interessiert das jemanden in Deutschland? Eben.**

und weltanschaulicher Fuchtel stehenden Grossreiches aus dem Felde schlugen». Und die Zeitung *Sport* bemerkt maliziös: «Da spielten also 60 Millionen Deutsche gegen uns. Aber uns genügten elf Spieler.»

Erstaunlicherweise wird während des Krieges weitergespielt, ohne dass jemand daran Anstoß nimmt. Zum Beispiel am 20. April 1941 in Bern. Die Schweiz gewinnt schon wieder. Ausgerechnet am Geburtstag des «Führers»! Goebbels beschwert sich beim «Reichssportführer», in Zukunft dürfe «kein Sportaustausch gemacht werden, wenn das Ergebnis im Geringsten zweifelhaft» sei. Das französischsprachige Blatt *Le Sport Suisse* frohlockt: «Die Lust, die Deutschen zu bezwingen, war groß im Lande.» Im Stadion ist auch Henri Guisan anwesend, das ist unser Kriegsgeneral, der auf Seite 96 dieses Büchleins dem Filmkritiker aus Bayern einen Schrecken eingejagt hat. Während des Spiels parliert der General auf der Tribüne mit Honoratioren Nazi-Deutschlands; in der Pause aber sucht er die Schweizer Fußballer in der Kabine auf und stachelt sie an. Ein hübsches Exempel für jene helvetische Realpolitik, die Friedrich Dürrenmatt einmal zu der Bemerkung veranlasste, die Schweiz habe sich im Zweiten Weltkrieg zwischen den Beinen des Dinosauriers hindurch ins Freie laviert.[+]

+ Es soll ja unter den Fußball-affinen Menschen auch Bildungsbürger geben. Für sie das Originalzitat: «Unsere Fehler und unsere Tugenden, unsere Feigheit und unser Mut, unsere Unterlassungen und unsere humanen Gesten, unsere Dummheit und unsere Klugheit, unser Nachgeben und unser Widerstand dienten unbewusst und bewusst nur dem Ziel, davonzukommen. Und so kamen wir denn davon. Wir lavierten uns zwischen den Beinen des Dinosauriers hindurch ins Freie. Auch mit Glück, gewiss.»

Wie schlüssig gezeigt werden konnte, gibt es für einen Schweizer tausend Gründe, dem deutschen Fußball nicht übertrieben wohlgesinnt zu sein – historische, ästhetische, sportliche und psychologische, blöde und ungerechte, von den Deutschen selbstverschuldete und unverschuldete. Bisher unerwähnt blieb: Es gibt sogar *Deutsche*, die dem deutschen Fußball ganz und gar nicht wohlgesinnt sind. Die tun sich dann zusammen in Vereinigungen mit furchterregenden Namen wie dem «Kommando Van Basten» aus Hamburg (Motto: «Love Football, Hate Germany»), der Pfälzer «Rijkard Jugend» (Motto: «Voetbal against Krauts») oder der «Geoff Hurst Youth Crew» (Heimbasis unbekannt; Hurst war der Schütze des «Wembley-Tores» im WM-Finale 66 gegen Deutschland) und hören dann alle zusammen Musik von Bands wie den «Kaput Krauts» aus Recklinghausen. Ich kann nur an die Vernunft des deutschen Fußball-Normalbürgers appellieren: Bitte lassen Sie sich von diesem pubertären Antideutschland-Getue nicht anstecken. Wenn das Schule macht und keiner mehr diese Mannschaft unterstützt, dann müssen am Ende wieder wir Schweizer dem DFB zu Hilfe eilen. Beispielsweise indem wir für das nächste große Turnier 30 000 Miet-Fans stellen. Nicht auszudenken, wenn die dann alle singen: «*Dütschi Natzi, olé, olé!*»[+]

[+] Wer obigen Scherz nicht verstanden hat – vielleicht weil er Journalist ist und für seine Verrisse jeweils nur die Einleitung, den Klappentext sowie drei zufällig ausgewählte Abschnitte liest –, der sei auf Seite 29 dieses Büchleins verwiesen.

Verlängerung

Eigentlich hätte dieses Kapitel hier enden sollen. Doch soeben hat sich ein großer Moment in meinem Fußball-Leben ereignet: Ich durfte mit Günter Netzer reden. – Vielleicht wird sich der Leser nach alledem, was ich ihm um die Ohren gehauen habe, fragen, wieso sich ein Schweizer dermaßen über ein Gespräch mit Herrn Netzer freut. Nun, die allgemeine Erklärung lautet, dass wir eine offene, unbornierte, von hehrem Sportsgeist erfüllte Nation sind. Diese Qualitäten haben es uns in der Vergangenheit immer wieder erlaubt, sogar *deutsche* Fußball-Größen in unser Herz zu schließen. Ottmar Hitzfeld zum Beispiel ist seit einem Jahrzehnt der Wunschnationaltrainer so gut wie aller Schweizer und wird es jetzt auch. Die Zürcher *Weltwoche* nannte Hitzfeld treffend «Schwiegersohn der Nation». Wir lieben ihn so sehr, unseren Schwiegersohn, dass wir ihm sogar die deutsche Todsünde *par excellence* verzeihen: Die schreckliche, die grausame, die unerträgliche Anmaßung, sich in «Schwitzertütsch» zu versuchen. In dieser Sache kennen wir normalerweise kein Pardon, egal, ob einer aus Kiel oder aus Lörrach stammt.

Ein weiterer Titan deutschen Fußballschaffens, dem in der Schweiz Gefühle tiefster Verbundenheit und Zuneigung zuteil wurden, ist Uli Stielike, der frühere Abwehrspieler von Borussia Mönchengladbach, Real Madrid und der deutschen Nationalmannschaft. Sein größter Fan hierzulande war bestimmt meine Mutter. Und dies, obwohl er in der unseligen, weiter oben abgehandelten Nacht von Sevilla mit von der Partie war. Ich glaube, meiner Mutter gefiel der lustige Seehundschnauzer, den er in jener Zeit trug. Sie hielt Herrn Stielike für einen Gentleman und einen Schlingel, und sie kicherte wie ein kleines Mädchen, wenn er in seinem eigenartigen Laufstil einen gegnerischen Stürmer verfolgte und ihm den Ball abjagte. Ab Mitte der achtziger Jahre wirkte Stielike für eine Weile in der Schweiz, zuerst als Spieler, später als Trainer unter anderem des Nationalteams. In dieser Funktion wurde er von der Boulevardzeitung *Blick* zum «beliebtesten Deutschen der Schweiz» gewählt. Wer so etwas schafft, der hat es wahrlich zu etwas gebracht im Leben. Oder frei nach Frank Sinatra: *If you can make it in Switzerland, you can make it everywhere.*

Und dann gibt's eben noch den Netzer. Der hat im Herbst seiner Karriere oder genauer: im tiefsten Spätherbst seiner Karriere noch ein Jahr bei Grasshoppers Zürich gekickt. Das hat seinem Ansehen hierzulande erstaunlicherweise nicht geschadet. So richtig beliebt wurde er aber erst in den neunziger Jahren, als er mit einem Schweizer TV-Moderator eine Art Prototyp des Duos Delling-Netzer bildete und die fulminanten WM-Spiele unserer Mannschaft 1994 in den USA kommentierte.

Das war die allgemeine Erklärung, weshalb eine Unterhaltung mit Herrn Netzer einen bewegenden Moment im Leben eines Schweizers darstellen kann. Die persönliche Erklärung lautet: Als Kind war ich ein ziemlich leidenschaftlicher Anhänger von Borussia Mönchengladbach. Und damit zwingend auch von Günter Netzer, diesem fabulösen Spielgestalter, diesem Jimi Hendrix der Bundesliga, diesem David Copperfield der langen Pässe, diesem melancholischsten Fußballer der Republik. Das mit Gladbach und mir kam übrigens so: Als kleiner Junge sah ich in der ARD-Sportschau die Zusammenfassung eines Bundesligaspiels. Die eine der beiden Mannschaften, so erfuhr ich vom Kommentator, heiße Borussia Mönchengladbach. – Mönche, die Fußball spielen! Das fand ich sehr komisch. Und absolut unterstützenswert. (Jeder Mensch macht Fehler im Leben.)

Genau besehen liefert diese Anekdote ein hübsches Beispiel für das paradoxe Verhältnis vieler Eidgenossen schweizerdeutscher Zunge zu ihren deutschen Nachbarn: Jeder Bub, der nicht von einer gestrengen Bildungsbürgermutter zum permanenten Violinunterricht genötigt wird, wächst hier mit Bundesligafußball auf. Deren Spieler und Mannschaften sind ihm beinahe so vertraut wie die der eigenen Liga. Und er hat, wenn seine Eltern nicht aus einem europäischen Fußballland wie Spanien oder Italien stammen, erstens einen Schweizer Lieblingsverein und zweitens einen deutschen Lieblingsverein. Zudem hat er eine präzise Bundesligatabelle der Sympathien im Kopf, sodass er bei, sagen wir, VfL Wolfsburg gegen Hertha Berlin sofort weiß, wen er unterstützt. Wie in Deutschland auch, stehen die Bayern auf dieser Sympathietabelle immer entweder ganz oben (die Ausnahme) oder ganz unten (die Regel), nie aber irgendwo im Mittelfeld. Alles in allem ist die Bundesliga für einen Schweizer Buben ein Stück Heimat und ein Samstag ohne «Sportschau» kein richtiger Samstag. Das hindert ihn aber nicht daran, am Mittwoch, wenn die Bundesligavereine im Europapokal spielen, immer dem Gegner die Daumen zu drücken – egal, ob der Panathinaikos Athen, Valur Reykjavik, Dundee United oder sogar AC Mailand heißt. Sehen Sie es so, geschätzter Leser: Interessante Menschen haben nun einmal eine schwer zu durchschauende Psyche.

Mit Günter Netzer wollte ich eigentlich über die Mentalitätsunterschiede zwischen unseren beiden Völkern unter besonderer Berücksichtigung des Fußballsports reden. Nicht nur hat er selber in der Schweizer Liga gespielt sowie eine Zeitlang die Auftritte unseres Nationalteams im Fernsehen kommentiert, nein, Günter Netzer lebt auch schon seit zweiundzwanzig Jahren im Land. Ein idealer Mann also für dieses Thema. Ideal auch deswegen, weil ich mir vom «Scharfrichter des deutschen Fußballs» (*Spiegel Online*) ein paar giftige Bemerkungen erhofft hätte, insbesondere zu dem im Weltvergleich noch immer sehr niedrigen Entwicklungsstand des helvetischen Nix-Törli-Fußballs.

Doch unser Telefongespräch verlief anders als erwartet. Das Verrückteste war: In fünfundzwanzig Minuten hat er dreimal gelacht. Gelacht! Ich werde in die Geschichtsbücher eingehen als der Mann, der Günter Netzer zum Lachen brachte. Zum Beispiel fragte ich ihn, ob er mir zustimme, dass sich eine deutsche Regionalligamannschaft niemals so blöd angestellt hätte wie die Schweiz bei ihrem Nix-Törli-Elfmeterschießen gegen die Ukraine. Das fand er lustig. Dabei war das eine der traurigsten Fragen, die ich je in meinem Berufsleben gestellt habe. Seine Antwort fiel übrigens sehr milde aus, wie bei allen weiteren schweizkritischen Fragen auch. Herrn Netzers Argumentationskette verläuft in etwa so: Deutschland großes Land, Schweiz kleines Land. Schweiz hat die viel geringere Auswahl an Talenten, entsprechend weniger scharf ist der Konkurrenzkampf. Trotzdem hat der hiesige Fußball in den letzten Jahren aufgeholt und immer wieder gute Spieler hervorgebracht, die sich auch in der Bundesliga durchsetzen. Man müsse, sagte Herr Netzer, «die Kirche im Dorf lassen». Das Land mache das Beste aus seinen Möglichkeiten, dies sei auch der Grund, «wieso ich die Deutschen härter rannehme. Die haben ganz andere Chancen, und wenn sie die Chancen nicht nutzen, dann muss man sie kritisieren.»

Also sprachen wir noch ein wenig über anderes. Zum Beispiel über den erstaunlichen Umstand, dass ein so kühler Typ wie er, der ein so kühles und für Schweizer Ohren rasch überheblich tönendes Hochdeutsch spricht, hierzulande so populär ist. Das fand er wieder lustig, der Netzer. Er war mir schon vor dem Gespräch sympathisch, danach aber noch viel, viel mehr, wie jeder, der diese Passage zu Ende liest, wird nachvollziehen können.

Tatsächlich passiere es ihm ab und zu, lachte er, dass er in Zürich auf der Straße von Landsleuten angesprochen werde: «Herr Netzer, wir fassen hier nicht richtig Fuß. Erklären Sie mal, wie Sie das machen. Sie haben die Schweizer sogar im Fernsehen kritisiert und sind hier trotzdem beliebt!» Er könne dazu nicht viel sagen, sagte er. Und sagte dann doch alles, was es zu sagen gibt. Erstens habe er sich schon in Spanien, wo er sich in den siebziger Jahren aufhielt, stets als Gast gefühlt und halte es auch in der Schweiz so, obwohl er schon viele Jahre hier lebe. «Die Deutschen, die sich hier beschweren, sollen in erster Linie mal sehen, ob sie wegen ihres Auftretens schlecht behandelt werden. Weil sie den Schweizern erzählen wollen, wie die Welt eigentlich sortiert ist und wie es besser zu machen ist. Das ist eine Art der Deutschen: dass sie ein wenig lehrmeisterhaft sind und alles besser können und wissen.» Zweitens: nicht anbiedern. Deutsche, die Schweizerdeutsch zu reden versuchten, das sei «purer Alptraum». Und «eine Beleidigung für diese WUNDERSCHÖNE Erzählsprache», deren Witz er über alles liebe und die er, je nach Müdigkeitsgrad, zu 90 bis 95 Prozent verstehe. Jedenfalls besser als Spanisch. In seiner charakteristischen Mischung aus Lakonie und Strenge ergänzte er: «Wer da als Deutscher keinen Zugang hat, sondern diese Mundart im Gegenteil verlacht, der hat Charaktereigenschaften, da braucht man nicht Schweizer zu sein, um die nicht zu mögen. Die mag ich auch als Deutscher nicht.»

Nun hatte ich letzte Gewissheit. Günter Netzer hatte mein Lieblingsnetzerwort gebraucht: Charaktereigenschaften. Er war es also wirklich selber, mit dem ich sprach, und nicht ein Stimmenimitator, der im Auftrag des Schweizer Tourismus-Verbands Nettigkeiten über unser Land verbreitete.

Drittens, fuhr er fort, müsse man den Schweizern die Zeit geben, einen kennenzulernen. Seine Kommentatorentätigkeit fürs Schweizer Fernsehen, das sei am Anfang auch kein Selbstgänger gewesen. «Die Leute, die haben der Rundfunkanstalt geschrieben: ‹Ihr werdet euch doch nicht erlauben, einen Deutschen unsere Nationalmannschaft beurteilen zu lassen, ihr habt sie wohl nicht mehr alle. Da schalten wir die Kiste nicht mehr an.›» Dieses habe er «sehr tapfer hingenommen», ohne aber sich beirren zu lassen: «Wenn ich den Schweizern erzählt habe, dass doch mit ihrem Fußball noch einiges im Argen liegt, dann habe ich das nie beleidigend getan, sondern immer auf eine versöhnliche Art.» Nein, schloss er, «die Schweizer haben mich zu allen Zeitpunkten erstklassig behandelt». Ungefragt schob er nach: «Das war nicht, weil ich berühmt bin, viele kannten mich gar nicht. Sondern weil sie eben gesehen haben: Ja, das ist ein Verhalten, was wir gerne sehen; der begegnet uns mit Respekt. Selbst wenn er Deutsch spricht.»

Berühmtheiten haben oft wenig Zeit für Journalisten, was ich gut verstehen kann – ich hätte überhaupt keine Zeit für Journalisten, wenn ich berühmt wäre. Aber Herr Netzer schien es nicht eilig zu haben, unser Gespräch zu beenden. Also kam ich nochmals auf den Fußball zu sprechen. Ich wollte wissen, ob er mitbekomme, wie sehr man bei uns geneigt sei, sich an deutschen Niederlagen zu erbauen. Mittlerweile ging ich aus reiner Gewohnheit davon aus, dass er die Frage mit einem Lacher quittieren würde. Er enttäuschte mich nicht und antwortete vergnügt:

«Das bekomme ich natürlich mit. Das finde ich auch durchaus in Ordnung. Unter Nachbarn ist das immer so.»

«Ich bin glücklich, dass Sie das sagen. Viele Deutsche hier beklagen sich nämlich darüber.»

«Ach, um Himmels willen, wer das nicht ertragen kann! Wenn eine große Nation verliert, dann muss sie sich Häme und Spott gefallen lassen. – Sonst ist sie keine große Nation mehr.»

Stellen Sie sich vor: Gestern wurde ich für eine Schweizer Frauenzeitschrift fotografiert. Die machen ein Sonderheft zur Euro 08. Bei den Aufnahmen ging es irgendwie um das Thema «Fußball und Intellektuelle». In letzter Konsequenz bedeutet das: Die hiesige Damenwelt sieht in mir einen Intellektuellen. Das macht mich natürlich stolz. Noch stolzer wäre ich, wenn das Thema «Globalisierung und Intellektuelle» gelautet hätte. Oder «1968 und die Folgen». Oder «Dialog der Kulturen». – Oder heißt es Kultur der Dialoge? Ich kenn mich in diesen Dingen nicht so aus.

 Geschichte

Siebenhundert Jahre
auf zehn Seiten

«Muh, muh, Kuhmäuler», «Stallschweizer», «Alpinates et sil-
vestres» (Bergler und Hinterwäldler), «Importunus vulgus»
(Unverschämter Pöbel) und immer wieder: «Kuhschweizer». Die
frühesten Zeugnisse für die Verspottung meiner Vorfahren durch
arrogante Bewohner des Territoriums der heutigen Bundesrepublik stammen aus dem 14. Jahrhundert. Die Schweizer Replik in
Form von «Sauschwaben» scheint dagegen mindestens hundert
Jahre später entstanden zu sein. So richtig in Mode gekommen ist
der noch heute verwendete Begriff wohl erst nach dem Schwa-
benkrieg von 1499, der in Deutschland Schweizerkrieg heißt.

Daraus folgt: Die Deutschen haben angefangen.

Im Jahre 1748 publizierte Baron de Montesquieu sein Werk *De
l'esprit des loix* (Vom Geist der Gesetze). In dem Werk prägt Montesquieu den Begriff «République Fédérative». Der Schaffhau-
ser Pfarrerssohn Johannes von Müller übersetzte den Begriff als
erster mit «Bundesrepublik». Später, in einem 1786 gedruckten
Text, bezeichnete er damit den durch Friedrich den Großen initi-

ierten deutschen Fürstenbund. Daraus folgt: Zwar verdanken wir unser Nationalepos einem Deutschen (Schillers «Wilhelm Tell»), dafür verdankt «La Bundesrépublique», wie der Franzose sagt, ihren Namen einem Schweizer.

Und nicht nur den: Bevor Schwarz, Rot und Gold zu den deutschen Farben wurden, bezeichneten sie die Republik Genf und kamen für eine Nationalflagge der helvetischen Schweiz in Frage. Wir haben uns für das schmuckere weiße Kreuz entschieden und es den Deutschen so ermöglicht, sich obige Farbkombination auf die Fahne zu schreiben. Ach ja, dann wäre da noch diese Schrift mit dem Titel «Entwurf einer republikanischen Verfassungsurkunde, wie sie in Deutschland taugen möchte». Das Dokument stammt von 1798 und ist der erste Verfassungsentwurf für eine deutsche Republik überhaupt. Dieses Ding zu drucken, war eine riskante Sache. Das haben die Schweizer übernommen, wie dessen Überarbeitung vermutlich auch. Die helvetische Hilfeleistung passt ins Bild. Für die Jahrhunderte davor galt nämlich dasselbe wie für die Zeit, die bis zur Gründung der modernen Bundesrepublik Deutschland noch vergehen sollte. Hier ein ziemlich renitentes, obrigkeitsskeptisches und demokratisch gesinntes Alpenvolk. Dort eine lange Tradition des Gegenteils: Befehlen und Gehorchen, Kotau vor dem Fürsten, Sehnsucht nach einem starken Staat[+].

+ Die Unterschiede bestehen bis heute fort, wie eine in 54 Ländern durchgeführte Erhebung nahelegt. Bei der Frage, wer in erster Linie für das eigene Wohlergehen verantwortlich sein sollte, der Staat oder das Individuum, entpuppten sich die Schweizer, noch vor den Amerikanern, als die größten Verfechter der Eigenverantwortung. Deutschland folgt auf Platz 16, eingebettet zwischen der Dominikanischen Republik und China.

«Ein gutes Stück Demokratie habe ich in Zürich gelernt und aufgenommen», notierte der deutsch-jüdische Chemienobelpreisträger Richard Willstätter, der vor dem Ersten Weltkrieg an der Eidgenössisch Technischen Hochschule (ETH) lehrte. Und ein Kollege Willstätters sprach mit einiger Bewunderung von zwei Schweizer Chemikern, die sich «öfters durch die Anrede ‹Hofrat› und ‹Geheimrat› neckten. Für derlei Titel hatten die eingefleischten Demokraten immer ein Lächeln bereit.»

Wenn es in der Vergangenheit einen wesentlichen Unterschied zwischen den beiden Nationen gab: dann diesen.

Aber natürlich haben unsere Vorfahren hie und da auch von den deutschen Nachbarn profitiert. Eines unserer populärsten historischen Werke der letzten 200 Jahre erschien 1822 und heißt *Des Schweizerlands Geschichten für das Schweizervolk*. Sein Verfasser Heinrich Zschokke sei «so etwas wie der Erfinder und Konstrukteur schweizerischen Wesens», bemerkte der Basler Publizist Markus Kutter. Nun, bei Herrn Zschokke handelte es sich um einen Schriftsteller und Pädagogen, der aus Magdeburg eingewandert war. Und da soeben unsere weltberühmte ETH Zürich erwähnt worden ist, sei der Fairness halber ergänzt: Die ersten neun Professoren der 1855 gegründeten Institution waren samt und sonders Deutsche.

Alles in allem: unentschieden.

Mitte des 19. bis frühes 20. Jahrhundert: «Sie beschäftigen sich in aller Gottseligkeit und Ehrbarkeit mit Kühemelken, Käsemachen, Keuschheit und Jodeln» (Friedrich Engels über den Schweizer an sich)[+]. «Deutschland überflutet uns mit seinen

+ **Die Zitate sind aus den verschiedensten Quellen zusammengeklaut (siehe Literaturverzeichnis).**

Produkten, setzt sich in unseren Banken und Fabriken fest und überfüllt unsere Eisenbahnen mit seinen Handelsreisenden» (die Westschweizer *Gazette de Lausanne*). «Über die Baseler und ihr aristokratisches Pfahlbürgertum ließe sich viel schreiben» (Friedrich Nietzsche). «Eine freche, bübische Verbrechernatur, ohne Spur von Genie, ein verkommener, radikalisierter Junker» (ein katholischer Politiker aus Luzern über Bismarck). «Solch ein Nest mit allen Hässlichkeiten des Mittelalters ohne die Schönheiten desselben» (Friedrich Engels über die Stadt Basel). «Die Stadt vermittelt den Eindruck einer immensen, von Zivilisten bevölkerten Kaserne» (Die *Gazette de Lausanne* über Berlin).

Aber natürlich hat man sich auch immer wieder übers Kreuz beschwärmt. Goethe: «Mir ist's wohl, dass ich ein Land kenne, wie die Schweiz ist.» Jacob Burckhardt (Basler Historiker, 1818–1897): «Ich will mein Leben daransetzen, den Schweizern zu zeigen, dass sie Deutsche sind.» Thomas Mann: «In der Schweiz da würde ich gerne meinen Stein haben.» Carl Hilty (St. Galler Staatsrechtler, 1833–1909): «In erster Linie steht für uns immer Deutschland.»

Daraus folgt: Schon früher waren die Verhältnisse widersprüchlich.

Doch kaum je waren sie freundlicher als am 3. September 1912. An diesem Tag kam der Kaiser zu Besuch. Der Deutsche Kaiser. Wilhelm II. Die Stimmung in der Schweizer Bevölkerung war ziemlich euphorisch, und der sehr hohe Gast wurde sehr freundlich empfangen. Anlässlich eines Festbanketts in Zürich überreichte die Tochter eines Bundesrats (Minister) dem Kaiser einen Blumenstrauß und sprach also: «Eurer Majestät hoher Besuch gereicht dem ganzen Schweizervolk zu großer Ehre, und jedes einzelne Herz schlägt höher bei dem Gedanken, Eure Majestät im eigenen Vaterlande willkommen heißen zu dürfen.» Der Historiker Hans Ulrich Jost sieht im Kaiserbesuch «ein Ereignis, das zu den spektakulärsten Momenten der modernen Schweiz zählt und vielleicht nur vom Besuch Churchills im September 1946 übertroffen wurde». Womit uns wieder einmal vor Augen geführt worden wäre: Die spektakulären Momente, sie jagen sich nicht, in der Geschichte der Eidgenossenschaft.

Die Visite Seiner Majestät galt vor allem unserer Armee und ihren höheren Offizieren. Nach dem Besuch eines Manövers soll Wilhelm II. gesagt haben: «Potz Tausend, das können die Belgier nicht!»[+] Das freute nicht nur die höheren Offiziere, sondern auch den gemeinen Bürger und sogar jene, die dem preußischen Militärwesen nicht so hold waren. Für diese Art von Komplimenten sind bei uns alle empfänglich. Zu jener Zeit lebten, wie heute auch wieder, über 200 000 Deutsche in der Schweiz. Allerdings zählte das Land nur halb so viele Einwohner. In der Stadt Zürich betrug der Anteil der Deutschen an der Gesamtbevölkerung einnehmende zwanzig Prozent (gegenwärtig 6,7 Prozent). Auch wenn damals ähnliche Bedenken geäußert wurden wie heute (Germanisierung der Hochschulen, «Überfremdung» der Schweiz), waren die Einheimischen den Deutschen gegenüber, die man für ihre kulturellen und wissenschaftlichen Leistungen bewunderte, im Großen und Ganzen freundlich gesinnt. Der Ruf Deutschlands in den Tagen des kaiserlichen Besuchs war gut.

Was das Land in den folgenden Jahrzehnten so alles zur Weltgeschichte beitrug, ist bekannt und soll dem deutschen Leser hier

+ **Keine zwei Jahre später wurde ebendieses Belgien von den deutschen Truppen überfallen.**

nicht groß um die Ohren gehauen werden. Über den Ereignissen, die mit den Jahreszahlen 1914 bis 1918, 1933 sowie 1939 bis 1945 in Verbindung gebracht werden, wird so weit als möglich der Mantel des Schweigens ausgebreitet. Einstweilen nur so viel: Zwar gab es auch in der Schweiz sehr wohl Menschen mit einem Faible für ausgestreckte Arme und den kleinwüchsigen Österreicher. Alles in allem aber: nein.

Daraus folgt: Ihre Sympathien bei den Schweizern haben sich die Deutschen damals ganz allein selber versaut.

Nachdem vorbei war, was mein lieber Schwanitz «den deutschen Mordanschlag auf die Zivilisation» nannte, trat ein großer Theologe in Erscheinung und reichte die Hand zur Versöhnung. Der Theologe hieß Karl Barth und war – anders könnte es nun wirklich nicht sein – Schweizer. Mitte der dreißiger Jahre musste er Deutschland, wo er über ein Jahrzehnt gelebt und gelehrt hatte, verlassen, weil er die Judenverfolgung im «Reich» anprangerte. Das hinderte ihn nicht daran, unmittelbar nach Kriegsende in einem Vortrag mit dem Titel «Die Deutschen und wir» die Worte zu sprechen:

«Her zu mir, ihr Unsympathischen, ihr bösen Hitlerbuben und -mädchen, ihr brutalen SS-Soldaten, ihr üblen Gestaposchurken, ihr traurigen Kompromißler und Kollaborationisten, ihr Herdenmenschen alle, die ihr nun so lange geduldig und dumm hinter eurem sogenannten Führer hergelaufen seid! Her zu mir, ihr Schuldigen und Mitschuldigen, denen nun widerfährt und widerfahren muß, was eure Taten wert sind! Her zu mir, ich kenne euch wohl; ich frage aber nicht, wer ihr seid und was ihr getan habt; ich sehe nur, daß ihr am Ende seid und wohl oder übel von vorne anfangen müßt; ich will euch erquicken, gerade mit euch will ich jetzt vom Nullpunkt her neu anfangen!»

Daraus folgt: Immer wenn es darauf ankam, waren wir verdammt nett zu denen (siehe dazu auch die bewegenden Passagen im vorherigen Kapitel). Umso verständlicher ist doch, dass wir, wenn es nicht so darauf ankommt, auch mal ein wenig weniger nett sein wollen. Nur schon der inneren Balance wegen. Ich bin sicher, die Psychologen haben für dieses Verhalten einen Fachausdruck parat. Posttolerante Aggressionsregulierung oder so.

Zwischen 1945 und dem Beginn der neuen Deutschenwelle, die unser Land ab dem Jahr 2002 zu erfassen begann, ist dann nicht mehr allzu viel passiert, das sich auf die schweizerisch-deutschen Beziehungen ausgewirkt hat. Der Rest ist Fußball.

Mögliche milde Ausnahme ist 1991, das Jahr der Wiedervereinigung. Da wurde hierzulande (und natürlich nicht nur hierzulande) der eine oder andere Spruch geklopft, da wurden Bedenken geäußert und ein paar mahnende Leitartikel geschrieben. Die Gefühle, die dahintersteckten, waren letztlich die gleichen wie in den Jahren nach 1870, als das deutsche Kaiserreich entstand, oder während der beiden Weltkriege: Je größer, mächtiger, selbstbewusster oder aggressiver der liebe Nachbar, desto unwohler fühlte man sich im Schweizerland. Was ist, wenn die noch größer, noch mächtiger, noch selbstbewusster werden? Gibt's uns dann am Schluss noch?

Wenn der Basler Historiker Jacob Burckhardt angesichts der sich abzeichnenden neuen Großmacht schon 1866 spöttisch bemerkt: «Wer nicht zu einem dreißig Millionenvolk gehört, der schreit: Hilf Herr, wir versinken!» Wenn die Braunschweiger Schriftstellerin Ricarda Huch, die Ende des 19. Jahrhunderts in Zürich studierte (weil dies für Frauen in Deutschland nicht möglich war), 1938 feststellt: «Ein reizbares Misstrauen gegen Deutschland» herrsche in der Schweiz. Wenn der Korrespondent einer hiesigen Wirtschaftszeitung 1991 in einem Artikel mit der Überschrift «Alles geht viel zu schnell» schreibt: «Noch ist es zu früh, alle Zweifel über die deutsche Wiedervereinigung zu begraben. Trotz aller Friedfertigkeit, trotz aller Zurückhaltung und allen europäischen Brüderschwüren ist es den Deutschen, auch wenn sie es nicht gern hören, bis heute nicht gelungen, das Ausland restlos zu überzeugen, dass sie ein völlig harmloses Volk geworden sind.» Immer geht es im Kern um die Furcht eines kleinen Landes, von einem großen Land vereinnahmt zu werden. Sei es auf die unfreundliche Tour mittels einfallender Armeen. Sei es auf die freundliche Tour mittels inniger Umarmung, die zu akutem Sauerstoffmangel mit nachfolgendem Erstickungstod zu führen droht.

Doch noch ein Wort zu den Jahren der Finsternis, danach ist Schluss: Angesichts des über Generationen wiederkehrenden Unbehagens macht es wenig Sinn, dem Zweiten Weltkrieg eine entscheidende Bedeutung beizumessen, wenn es darum geht, unser ziemlich emotionales Verhältnis zu den Deutschen zu erklären. Wir sind nicht die Niederländer, die ihre Antideutschlandpose mit ständigem Verweis auf den Krieg kultivieren. Da wir uns aber in der Vergangenheit ziemlich erfolgreich aus internationalen Scherereien herausgehalten haben, sind wir es auch nicht gewohnt, dass man uns gegenüber so richtig unfreundlich wird. Doch genau das taten die Psychopathen des «Dritten Reiches», als sie gegen den «Käsestaat» wetterten, gegen «diese verkümmerten Hotelportiers», denen man «das Maul stopfen» werde, gegen das «oberfreche» Land, das «entweder gekauft oder jüdisch» sei und «diesen Krieg nicht überleben darf». Und zumindest im südwestdeutschen Raum, wo man, wie im Fußball-Kapitel beschrieben, Kenntnis hatte von den Schweizer Unmutsäußerungen gegen die nachbarliche Hakenkreuzbegeisterung, zumindest dort war es mit der unverbrüchlichen Sympathie der Allgemeinheit für das niedliche Alpenvölkchen nicht immer weit her: «Man glaubt in der Bevölkerung», hieß es in ist einem geheimen Lagebericht der SS von 1940, «dass sich Deutschland die provokatorische Haltung der Schweiz auf die Dauer nicht gefallen lässt und dass hier ganz von selbst einmal die Abrechnung kommt.»

Solch aggressive Töne müssen den Bewohnern eines Landes, in dem die diskreten und vorsichtigen Töne gepflegt werden, ziemlich unter die Haut gefahren sein (ganz abgesehen von den Taten, die den Tönen rundherum folgten). In einem Land, an dem die Weltgeschichte vorbeigerumpelt ist, erzählt man so etwas schon mal den Kindern und Enkeln weiter. Und natürlich erzählt der Großvater, weil es das Extremste ist, das er in jungen Jahren erlebt hat, wie er mit Uniform und Gewehr an der Grenze stand⁺, in Erwartung einer deutschen Übermacht, die sein Land – «die Schweiz, das kleine Stachelschwein» – mit Haut und Haaren verspeisen will. Schon möglich, dass sich aufgrund der damaligen Geschehnisse und der Art, wie diese überliefert worden sind, Ängste, Urteile und Vorurteile verfestigt haben, die einen Boden

---

+ **Mein Freund Tom, der eine ganze Weile nicht vorgekommen ist, weil er sich aus Fußball noch weniger macht als aus Obstsalat, erzählte mir, dass sein Großvater beim Kriegsdienst an der Grenze beinahe gestorben sei. Allerdings nicht durch direkte Feindeinwirkung, sondern weil er zu viele Kirschen gegessen habe, bei gleichzeitiger Einnahme großer Wassermengen. Eine Kombination, die angeblich zu lebensbedrohenden Magenblähungen führen kann.**

bilden, auf dem Deutsche auch heute noch hin und wieder aus-
gleiten. Egal, ob ihnen das Malheur widerfährt, weil sie es nicht
besser verdient haben oder aus Gründen, die eigentlich weder
mit dem ganzen alten Kram noch mit ihrem Deutschsein etwas
zu tun haben.

Daraus folgt: Für Deutsche ist es vergleichsweise einfach,
hierzulande etwas falsch zu machen.

 Expeditionen

Bei denen zu Hause

Um dieses Büchlein in Würde zu beenden, beschloss ich, eine kleine Deutschlandreise zu unternehmen. Während Monaten hatte ich mich jeden einzelnen Tag mit den Deutschen, respektive mit dem, was die Schweizer von ihnen halten, befasst. Ich weiß nicht, ob ich mich jemals so intensiv mit einer Sache befasst habe. Außer vielleicht in der Pubertät mit den Pickeln in meinem Gesicht. Versteht sich also von selbst, dass ich mir zum Schluss Deutschland aus der Nähe ansehen wollte. Am Vorabend meiner Abreise war ich zu einer Galerieeröffnung eingeladen. Im mondänen Zürich wird man andauernd zu Galerieeröffnungen, Theaterpremieren, Opern-Uraufführungen oder Sensationen wie «Paris Hilton heute abend exklusiv im Klub XY» eingeladen. Außer man ist ein sozialer Langeweiler wie ich. Dann wird einem eine solche Ehre eher selten zuteil, sonst hätte ich nicht damit geprahlt. Jedenfalls habe ich bei dieser Galerieeröffnung mit verschiedenen, mir vage bekannten Menschen *gesmalltalkt*. Irgendwann kam unausweichlich der Moment, wo ich von den *Smallbetalkten* gefragt wurde, was ich derzeit so treibe. Ich antwortete wahrheitsgetreu: Ich fahre morgen nach Chemnitz.

Die Reaktionen waren nicht ganz so, wie wenn ein Bundes-
wehrsoldat seiner Mutter eröffnet, «Ich fahre morgen nach Afghanistan», gingen aber in die Richtung. «Beeindruckend, was
du so alles auf dich nimmst für dein Buch.» – «Alles Gute, lieber
Bruno.» – «Falls dir etwas zustößt, vermachst du mir dein Fitness-
Abo?» – «Vielleicht solltest du dir etwas Bleichungscreme ins Gesicht schmieren.» Der letzte Spruch spielte auf den Umstand an,
dass ich wegen meiner indischen Gene auch im tiefsten Winter
kaum je wie ein wandelndes Stück Mozarella aussehe. Ein lusti-
ger Spruch, fand ich. Was mich allerdings etwas nervös machte:
Der liebenswürdige Mensch, der ihn gemacht hatte, stammt selber aus Sachsen. All die anderen waren natürlich, genau wie ich,
noch nie in Chemnitz gewesen. Auch waren ihre Bemerkungen
nicht wirklich ernst gemeint. Aber ein klein wenig halt schon.
Ob vollauf, teilweise oder überhaupt nicht berechtigt: In der Berichterstattung der Medien über ostdeutsche Städte spielen frei
herumlaufende Neonazis nun mal eine prominente Rolle.
Und nicht nur dort: Für die Zusammenstellung der Reiseroute
hatte ich im Internet gesurft. Unter den ostdeutschen Städten,
die ich für einen Besuch in Betracht zog, befand sich auch Magdeburg. Ich ging also auf *www.magdeburg.de*, die offizielle Inter-
netseite der Stadt. Dort klickte ich auf «Tourismus». Und was
bekommt der am schönen Magdeburg interessierte Tourist auf
dieser Seite als Erstes zu Gesicht? Das Foto eines wütend-traurig
dreinblickenden jungen Mannes, dazu die Überschrift: «Ton angeben gegen rechte Gewalt.» (Es ging um ein Konzert oder so.)
Liebe Magdeburger, obwohl ich über keinerlei Qualifikationen
in Stadtmarketing verfüge, kann ich mit voller Überzeugung sagen: Das ist nicht so geschickt, den Touristen die eigene Stadt auf
diese Weise anzupreisen.

Gewisse Dinge scheint man immer dann zu erleben, wenn man für ein Thema sensibilisiert ist. Ich setzte mich also am folgenden Morgen in den Zug Richtung Deutschland und wartete auf die Abfahrt, als sich ein junger Mann zu mir ins Abteil gesellte – Kampfhose, Glatze, Tätowierungen am Hals und im Gesicht. Beziehungsweise: Über dem Brustbein befand sich eine gesamtkunstwerkmäßige Tattoo-Landschaft, unter der einige wenige Hals- und Gesichtsfragmente hervorlugten. Ich habe schon das eine oder andere gesehen in meinem Reporterleben, aber der Typ war wirklich furchteinflößend. Kaum hatte er sich gesetzt, schaltete er seinen iPod ein und lauschte der neuen CD von Udo Jürgens. Stimmt natürlich nicht. Er zog sich hammerharten Schnellrock rein, und zwar so laut, dass ich dachte, die Band spiele live im Zugabteil. Da wir uns noch immer auf Schweizer Territorium befanden, hoffte ich, er würde im Grenzstädtchen Schaffhausen aussteigen. Schließlich steht Schaffhausen im Rufe, wenn ich richtig informiert bin, über eine kleine, aber lebendige Neonazi-Szene zu verfügen.

Oder würde er bis Rottweil fahren, um sich dort ein Hündchen zu kaufen?

Es stellte sich heraus, dass der junge Mann Matrose war. Ein Schweizer Matrose. Ein Schweizer Matrose auf dem Weg nach Köln. Ein Schweizer Matrose mit einer sanften Stimme, der, als der Schaffner die Fahrgäste auf den rechterhand tosenden Rheinfall, den größten Wasserfall Europas, aufmerksam machte, artig nach rechts kuckte und das Naturwunder bestaunte. Das alles weiß ich nicht, weil ich mich mit dem musikbegeisterten jungen Mann im Smalltalk geübt hätte. Ich komme nur selten mit Fremden ins Gespräch, denn ich bin eher scheu und auch ein wenig maulfaul (alles in allem nicht wirklich ideale Voraussetzungen für den Beruf des Reporters). Nein, ich weiß das, weil mein Reisegefährte von den Grenzwächtern ausgiebig befragt und seine Taschen durchsucht wurden. Sehr originell, die Grenzwächter. Auf jeden Fall lehrte mich die Episode wieder einmal – vor allem, da der sanftstimmige Matrose bald darauf seinen iPod leiser stellte –, dass man Leute nicht so rasch nach ihrem Äußeren beurteilen sollte. Auch wenn sie alles dafür tun.

Kurz vor Stuttgart erreichte mich eine SMS von Tom. «Hoffentlich sind die Deutschen nicht zu nett zu dir. Sonst willst du nachher alles umschreiben. Hart bleiben!» Was Tom nicht wissen konnte: Zu diesem Zeitpunkt war ich bereits ziemlich genervt. Schuld daran war aber nicht mein Matrose, sondern der Schaffner. Er gehörte zu einem Typus, den man auch unter männlichen *Flight Attendants*, Taxifahrern sowie vereinzelt unter Straßenbahnführern findet. Leute, die ihren Beruf verfehlt haben und im Wahn leben, sie seien Moderator einer Radiomorgensendung. Nicht nur, dass sie ohne Unterlass labern. Sie sind auch noch überzeugt, dass sie die Reisenden mit ihrem Gelaber entzücken. Der Zug, der mich nach Stuttgart bringen sollte, wo ich einen ICE nach Nürnberg besteigen würde, um schließlich auf einen Regionalzug Richtung Osten umzusteigen (zwischen Zürich und Chemnitz gibt es noch keine direkten Verbindungen), dieser Zug machte in so ziemlich jedem Kaff halt. Und jedes einzelne Mal hieß der Schaffner in seiner penetrant-fröhlichen Art die zugestiegenen Fahrgäste willkommen und verriet, wohin die Reise geht, wie die nächste Station heißt und was ihm sonst noch alles einfiel, um möglichst lange *on air* zu bleiben. Das tat er nicht nur auf Deutsch, sondern auch noch in einem hundsgrauenhaften Englisch-Imitat. Der Schaffner war in Wahrheit ein Kondukteur, also ein Schweizer. Die helvetische Nervensäge setzte mir dermaßen zu, dass ich mich beim Umsteigen in Stuttgart tatsächlich über das knappe, klare, nüchterne, dialektfreie Hochdeutsch freute, das aus den Bahnhofslautsprechern rieselte. Würde sich Toms Befürchtung bewahrheiten?

Im Schleichzug von Nürnberg nach Chemnitz. Neben mir sitzen drei kurz geschorene junge Männer. Es sind zum Glück nur Bundeswehrsoldaten. Sie sind unterwegs in den Wochenendurlaub und stammen aus der Nähe von Dresden, falls ich das richtig mitbekommen habe. ‹Falls› heißt: Ich verstehe etwa so viel von dem, was sie reden, wie ein Berliner an seinem ersten Arbeitstag in Bern. Ich glaube, die Wörter «Gauleiter» und «Göring» aufzuschnappen. Könnte aber auch «Gaul», «Eiter» und «Hering» geheißen haben. Schon ziemlich speziell, dieses Sächsisch. Würde ich mich jetzt darüber lustig machen, dann wäre das wahrscheinlich ein säxistischer Witz. Nachdem ich noch vor wenigen Seiten einen flammenden Appell wider die Verspottung von Mundarten gehalten habe, lasse ich das lieber bleiben. Mit der Zeit gewöhne ich mich an den Dialekt der Rekruten. Einer schmachtet einer jungen Frau nach, die vorbeigeht. Er scheint diesbezüglich etwas ausgehungert und sagt, er könne sich «kaum sattsehen». Antwortet sein Gegenüber: Das sei wie mit den Autos in München. «Am ersten Tag sagst du: ‹Kuck mal, ein Porsche!› Am zweiten Tag findest du: ‹Ein Porsche, na und?›»

Soeben sind wir an einem Ort mit dem schönen Namen Oberkotzau vorbeigefahren. Auch in diesem Fall werde ich mich nicht zu einer billigen Pointe hinreißen lassen. Wozu ich mich aber schon äußern möchte: Bei einem Halt in der Nähe von Oberkotzau sehe ich eine Werbetafel, auf der Prominente zu Spenden für ein Hilfswerk aufrufen. Der Wahlspruch des Hilfswerks lautet: «Mit Zorn und Zärtlichkeit an der Seite der Armen.» Ich bin auch ganz entschieden gegen Armut. Den Wahlspruch finde ich trotzdem oberdoof. Und sehr, sehr grönemeyeresk-deutsch-pathetisch.

Bislang war mir Wikipedia vor allem als Online-Lexikon ein Begriff. Dass man dort auch aktuelle Wettervorhersagen abrufen kann, wusste ich nicht. Zu Chemnitz steht zutreffend: «Aufgrund der Lage auf der Luv-Seite des Erzgebirges gibt es erhöhte Niederschlagsmengen.» Nun ist es so: Wenn man an einem finsteren Februar-Abend vor dem Hauptbahnhof einer mitteleuropäischen Stadt steht und es ist saukalt, windig und gießt vom Himmel herab, dann erhält man in den wenigsten Fällen einen vorteilhaften Eindruck von dem Ort. Insofern wollen wir Chemnitz wegen des Empfangs, den es mir bereitet, keine Szene machen. Ebenso wenig wollen wir darauf herumreiten, dass die teilweise grotesk breiten Straßen, die Klotzbauten aus den fünfziger und sechziger Jahren und das muffige Grandhotel, in dem man sich bei einer freundlichen, aber ebenfalls ziemlich angestaubten sowie streng beuniformten Rezeptionistin nach dem Weg erkundigt, dass all diese ersten Eindrücke beim unbefangenen Schweizer nur eine mögliche Assoziation zulassen. Umso mehr, als auf dem Stadtplan zeitgeschichtliche Perlen wie «Kosmonautenzentrum» zu finden sind und man an einem Schaukasten vorbeigeht, in dem ein vergilbtes Plakat hängt, wo «Junges Wohnen» draufsteht. Die Assoziation hat drei Buchstaben: D – D – R. Nein, das wäre zu platt und für einen Reisenden, der in einer offensichtlich wohlhabenderen Stadt zu Hause ist, auch zu billig.

Was mich aber schon frappiert: Wie verlassen die Stadt wirkt. Zugenagelte Wohnhäuser, leerstehende Ladenlokale, kaum Verkehr, keine Menschen. Zyniker würden sagen: Chemnitz ist ein sicherer und sauberer Ort. Keiner da, der einen überfallen oder

Bierdosen auf den Gehsteig schmeißen könnte. Okay, es herrscht wirklich kein Promenierwetter. Aber immerhin ist Freitagabend um acht. Hallo, ist hier jemand? – Endlich: Zwischen Theaterplatz (sehr schön) und nagelneuem Kaufhaus (beeindruckender Glasbau, wäre in Zürich unweigerlich von Kleingeistern mittels Einsprachen verhindert worden) zeigen sich erste Anzeichen menschlichen Lebens. Ich bekomme Hunger und realisiere auf einmal, wo all die Chemnitzer sein müssen: in gemütlichen Gasthäusern, den Feierabend feiernd und Abendbrot zu sich nehmend. Bei uns heißt es übrigens Nachtessen, Mundart: *Znacht*. Allein, ich kann nirgends ein gemütliches Gasthaus finden, obwohl ich mich nachweislich im Stadtzentrum aufhalte. Auch das ist für einen Zürcher eher irritierend, wobei unser Städtchen in dieser Hinsicht zugegebenermaßen ein Spezialfall ist: die Einwohnerzahl von Wuppertal, die Fläche von Hildesheim, aber mehr als zweitausend Restaurants, Cafés, Imbissbuden und dergleichen.[+]

In der Nähe der gemäß Wikipedia größten Sehenswürdigkeit der Stadt, des Karl-Marx-Monuments, werde ich doch noch fündig: ein gepflegtes Lokal mit Na-ja-Einrichtung, achtbarem Essen und kultiviertem Kellner, der wie ein cooler deutscher Filmschauspieler aussieht, dessen Namen ich vergessen habe, was man mir bitte nachsehe, da ich nicht einmal Richard Gere und Tom Cruise unterscheiden kann. Das Lokal ist nicht wirklich überfüllt. Die meisten Gäste sind Ausländer, am Nebentisch ein Einheimischer, Lehrer oder Professor, mit zwei italienischen

---

+ **Und noch ein hochinteressanter Vergleich: Die Stadt Zürich hat dreieinhalb Mal weniger Einwohner als München. Aber nahezu doppelt so viele Prostituierte.**

Studentinnen. Zum Glück unterhält er sich mit den beiden nicht auf Sächsisch, sondern auf Englisch (Italienisch wäre auch okay gewesen), sodass ich folgende Information mitgehen lasse: In Chemnitz stehen 30 000 Wohnungen leer, die Stadt hat seit 1990 über zwanzig Prozent Einwohner verloren.

Wäre ich Reisejournalist, dann würde ich an dieser Stelle ein paar Worte über das Hotel, in dem ich genächtigt habe, verlieren. Zum Glück für das Hotel bin ich kein Reisejournalist. Das vergleichsweise modernste Objekt im Zimmer war eine Informationsmappe mit Ausflugstipps, Telefonnummern und Minibar-Getränkeliste. Vergleichsweise modern heißt: Die Preise waren nicht mehr in Ost-, sondern in D-Mark angegeben. Die Rechnung konnte ich sogar in Euro begleichen, allerdings nicht mit Kreditkarte. Zwar hatte ich schon beim Einchecken angeben müssen, mit was für einer Karte ich anderntags zu zahlen gedenke, damit man sich gebührend auf dieses große Ereignis vorbereiten konnte. Es funktionierte trotzdem nicht.

Besser funktionierte einige Tage zuvor die Kommunikation zwischen mir und der Chemnitzer Touristikzentrale, über die ich das Hotelzimmer reserviert hatte. Die Touristikzentrale reagierte umgehend auf meine Reservierung und sandte mir ein Mail mit fünf angehängten Dokumenten:

1. *Buchungsbestätigung 972/01 (Einzelzimmer, Dusche/Bad/WC).*
2. *Leistungsbeschreibung (Einzelzimmer, Dusche/Bad/WC).*
3. *Gastaufnahme- und Vermittlungsbedingungen der City-Management und Tourismus Chemnitz GmbH.*
4. *Allgemeine Geschäftsbedingungen für die Überlassung touristischer Leistungen.*
5. *Rückantwortformular.*

Zuerst vermutete ich, die Dokumentenflut basiere auf einem Missverständnis, und die Tourismus GmbH gehe davon aus, ein reicher Schweizer wolle gleich das ganze Hotel kaufen. Bei genauerem Studium der Unterlagen stellte sich aber heraus, dass es tatsächlich nur um das für eine Nacht gebuchte Einzelzimmer ging. Zwei Fragen vermochte ich dennoch nicht restlos zu klären. Lassen Sie uns mit der weniger wichtigen beginnen, die man in gewisser Weise als Nebenwiderspruch bezeichnen könnte: In welcher Beziehung standen Dokument 1 (Buchungsbestätigung) & Dokument 2 (Leistungsbeschreibung)? Gab es einen Unterschied zwischen den darin enthaltenen Informationen, wenn ja, welchen? Die Hauptfrage, die sich mir stellte, lautete aber: Wem oblag es, das Rückantwortformular (Dokument 5) auszufüllen? Mir? Der GmbH? Je nachdem? Dort drin stand nämlich:

Sehr geehrte Damen und Herren,
Ihr Schreiben zur Buchung Nr. 972/01 vom 30. 01. 2008 habe ich
erhalten. Bitte buchen Sie mir/uns im Zeitraum von _____
bis _____ *die Unterkunft/Zimmer Nr.* _____ *für insge-*
samt ____ *Personen.*
Sollten Sie noch Fragen haben, erreichen Sie mich unter folgenden
Kontaktmöglichkeiten: ...

Ging es vielleicht darum, dass ich die Buchungsbestätigung rückbestätigen sollte? Falls ja, würde mir die GmbH für meine Buchungsbestätigungsrückbestätigung ein Rück-Rückantwortformular zustellen? Aber wieso stand dann in Dokument Nr. 1 «Diese Buchung ist ohne zusätzliche Vereinbarung bis 18 Uhr am Anreisetag gültig»?

Falls ein voreiliger Leser zu monieren gedenkt, ich würde mich hier in Details verlieren, dann muss ich diesem Leser entgegenhalten: Im fraglichen Hotel wusste niemand etwas von meiner Reservierung. Es deutet also alles darauf hin, dass es tatsächlich ein Fehler war, die Buchungsbestätigung nicht zu bestätigen. So ein Schlusskapitel eignet sich eben gut dazu, all das reinzupacken, was man vorher zu erwähnen versäumt hat. In diesem Sinne: Bei meinen Gesprächen für dieses Büchlein baten mich diverse einschlägig geschädigte Menschen, darauf hinzuweisen, dass Deutschland ein ziemlich bürokratisches Land sei.

Aber jetzt ist alle Unbill vergessen. Jetzt stehe ich im Eisregen vor dem Rathaus und lausche den Ausführungen von Herrn W., einem sympathischen Fremdenführer mit Helmut-Schön-Mütze. Zum Baustil des Rathauses erfahre ich: «Späde Godik, frühe Renésangs». Ferner lerne ich, dass sich Chemnitz als «Stadt der Moderne» präsentieren wolle und hier «kein Historizismus» betrieben werde. Kein Historizismus – da waren sie wieder, die drei Buchstaben. Ansonsten würzt Herr W. seine Ausführungen mit viel Humor. Angefangen bei seinen lakonischen Bemerkungen zum Wetter, das er, im Gegensatz zu uns verweichlichten Touristen, mit nachgerade britischem Stoizismus auf sich einprasseln lässt, bis zu seinen Kommentaren zur 46 Tonnen schweren und über sieben Meter hohen Karl-Marx-Büste, dank der Chemnitz auch «Stadt mit Köpfchen» genannt werde.

Da ich meine Deutschland-Minitournee im Tempo einer japanischen Reisegruppe absolviere und bereits die nächste Stadt ruft (Braunschweig), muss ich nun etwas unvermittelt zur Gesamtwürdigung von Chemnitz übergehen. Diese fällt notgedrungen oberflächlich aus: 1. Was ich gesehen habe, ist eine Mischung aus *Hors-Saison*-Melancholie, realsozialistischen Überbleibseln und Implantaten des Brandneuen (als hätte ein Schönheitschirurg einer reifen Dame zwei makellose Teenagerbrüste verpasst). Auf einen Schweizer wirkt das ziemlich schräg, aber auch im besten Sinne exotisch. 2. Die Einheimischen scheinen ein unbedrohliches Volk zu sein und, mit Ausnahme der griesgrämigen Servicemitarbeiterin am Bahnhof, die mir den schlechtesten Kaffee Deutschlands (was zugleich bedeutet: den schlechtesten Kaffee der Milchstraße) zubereitete, auch ein recht freundliches Volk. Einschränkend sei darauf hingewiesen, dass die diesbezüglichen Ansprüche, wenn man aus Zürich kommt, nicht allzu hoch sind. Tiefer jedenfalls als beim Kaffee.

3. Chemnitz hat eine Arbeitslosenquote von knapp 14 Prozent, einen Ausländeranteil von weniger als fünf Prozent, verblüffende 80 Prozent der Einwohner sind konfessionslos, wenngleich Herr W. diese Zahl für etwas gar hoch hält. Die Stadt hat bekanntermaßen in vierzig Jahren den Namen zweimal gewechselt, von Chemnitz zu Karl-Marx-Stadt und zurück, zwei Diktaturen und zwei Weltkriege überlebt. Das Stadtzentrum war einst durch Jugendstilbauten geprägt, wurde 1945 zerbombt, dann durch den architektonischen Fleischwolf des sozialistischen Städtebaus gedreht und ab 1990 von zeitgenössischen Architekten neu geplant. In ganz Chemnitz stehen laut Herrn W. drei mittelalterliche Bauten, und an zentralster Lage, wo einst ein Stück Stadt war, klafft noch heute eine riesige Baugrube. Eine größere Schweizer Stadt wie Luzern (59 000 Einwohner) hat hingegen eine Arbeitslosenquote von drei Prozent, einen Ausländeranteil von 20 Prozent, 75 Prozent der Einwohner sind Mitglied einer christlichen Religionsgemeinschaft. Anzahl Namensänderungen, erlebter Weltkriege und Diktaturen: null. In der Altstadt stehen vermutlich kaum mehr als drei *nicht*-mittelalterliche Bauten, und falls das übertrieben ist, lässt sich auf jeden Fall sagen, dass Luzern auf einer Postkartenansicht von 1880 nicht viel anders aussieht als

im Jahr 2008. Die Schweizer und die Deutschen mögen sich in mancherlei Hinsicht ähnlich sein. Ihre Städte sind es nicht.

Mit dem Zug von Chemnitz nach Braunschweig reisen, bedeutet in Leipzig umsteigen. Dazu kann ich nur sagen: Eine so grandiose Bahnsteighalle möchte ich in meiner Stadt auch. Obwohl ich als freier Schweizer niemandem Rechenschaft schuldig bin, hier noch ein Wort zu meiner Routenwahl. Vorauszuschicken ist, dass deutsche Städte, vielleicht mit Ausnahme der großen drei, beim Schweizer keine unmittelbaren Sehnsuchtsphantasien auslösen. Padua oder Paderborn? Bordeaux oder Bochum? Valencia oder Wolfsburg? Nicht wirklich das, was wir eine schwierige Wahl nennen. Genau da wollte ich durch. Ich habe ein paar Städte ausgewählt, deren Namen für mich sehr deutsch tönen oder gegen die ich Vorurteile hege, die durch keinerlei Fakten gestützt werden. Braunschweig zum Beispiel erfüllt beide Kriterien perfekt: sehr deutscher Name und Visionen semi-urbaner Trostlosigkeit, die mich umtreiben. Ein zusätzlicher Reiz: In einem Interview mit einer dort geborenen Schauspielerin habe ich gelesen, die Hitlerjugend sei in Braunschweig gegründet worden. Das ist zwar falsch, aber es spricht nicht für eine Stadt, wenn die Bewohner solche Dinge von ihr glauben.

Sehr gerne würde ich auch nach Fulda reisen, was jedoch aus zeitlichen Gründen nicht möglich ist. Fulda ist von allen mir bekannten deutschen Städtenamen der am deutschesten tönende+. Auch auf einen Abstecher nach Kassel verzichte ich schweren Herzens. Womit wieder einmal bewiesen wäre, was für ein hochanständiger Kerl ich bin. Kassel und Schweizer Journalisten, das ist nämlich ein delikates Thema. Zumindest für die Kasseler.

+ Tom hingegen findet, das sei «eindeutig Darmstadt».

Hierzulande wurde über diese Causa herzhaft gelacht: Vor rund zwei Jahren besuchte eine jüngere Schweizer Journalistin für den Reise-Bund des Zürcher *Tages-Anzeigers* die Stadt. Der Journalistin gefiel es nicht so gut in Kassel, und das hat sie auch geschrieben. Ihr Bericht war lustig, aber ziemlich frech. Er verzichtete auf das in der Schweiz übliche Vorgeplänkel und begann so: «Ein Penner, der durch den offenen Hosenschlitz sein Gemächt richtet, das ist das Erste, was ich von Kassel sehe.» Irgendwann erfuhr eine Zeitung mit dem eingängigen Namen *Hessische/Niedersächsische Allgemeine* von dem Artikel. Danach gab es kein Halten mehr. Die *Hessische/Niedersächsische Allgemeine* holte in mehreren Beiträgen zum publizistischen Gegenschlag aus («Kassel wird verunglimpft»). Daraufhin meldete sich sogar der Oberbürgermeister der Stadt zu Wort, eine Gruppe Sportler sagte aus Protest eine Reise nach Zürich ab, und beim *Tages-Anzeiger* gingen Aberdutzende erboster Leserbriefe aus Kassel ein («Bleiben Sie in Ihrem miefigen Zürich»; «Mit welcher Intention wurde dieser Artikel aufs Papier gepisst?»; «Hier wird eine Stadt verrissen, die einem System zum Opfer gefallen ist, das sich mit Schweizer Geldwäsche halten konnte»).

Zu guter Letzt lud der Chefredakteur des *Tages-Anzeigers* einen Journalisten der *Hessischen/Niedersächsischen Allgemeine* für eine «saftige Reportage» nach Zürich ein. Blöderweise gefiel es dem Journalisten in Zürich so gut, dass es bloß für ein paar lahme Spitzen reichte («zu sauber») und er sogar ankündigte wiederzukommen. Wäre interessant herauszufinden, was sie in Kassel mit dem Mann gemacht haben, nachdem er die Hoffnungen einer ganzen Stadt enttäuscht hat. Dennoch widerstehe ich der Versuchung, selbst hinzufahren, und lasse Kassel in Frieden ruhn.

Ich könnte jetzt schreiben, der Bahnhof von Braunschweig sei etwas weniger schön als der von Leipzig. Die Wahrheit ist: Der Bahnhof von Braunschweig sowie die unmittelbare Umgebung sind von ausgesuchter Hässlichkeit. Ein Schweizer, der so etwas zum ersten Mal sieht und das Geographie-Abitur nicht wie ich mit Bestnote abgeschlossen hat, der wird sich denken: Auf der monumental öden Straße, die vom Bahnhofsplatz zur Innenstadt führt, hat die SED vor der Wiedervereinigung ihre 1.-Mai-Paraden abgehalten. Ferner zeichnet sich schon nach wenigen Minuten Braunschweig ein *running gag* für meinen Reisebericht ab: Im Vergleich zu dem, was sich am Abend meiner Ankunft hier so tut, war Chemnitz ein einziger pulsierender *Times Square*.

Ich dachte immer, Deutschland sei ein dichtbevölkertes Land. Aber wo sind sie nur, die Deutschen? Ich habe nur eine Erklärung: Alle in die Schweiz ausgewandert. Die Straßen: leer. Mein Hotel: leer. Das Lokal, in dem ich *Znacht* esse: leer. Gut, vielleicht hätte ich auf die einsame Rezeptionistin hören sollen, die den ziemlich großen Hotelkasten (ein ehemaliges Waisenhaus) für mich allein offen halten muss. Sie hat mir das Ristorante Romantica gleich um die Ecke empfohlen. Nun ist es aber so, dass ich aufgrund meiner Lebenserfahrung gewisse Prinzipien hochhalte. Eines dieser Prinzipien lautet: Wanderer, der du durch Deutschland streifst, halte dich fern von italienischen und indischen Restaurants. Auch wenn der Hunger dich quälet. Meine Top fünf der schlimmsten Pasta-, Pizza-, und Curryerlebnisse hatte ich vermutlich alle in Deutschland. Das ist jetzt überhaupt nicht gegen die dort ansässigen Italiener und Inder gerichtet, im Gegenteil. Mit der Art, wie sie ihre nationale Küche uminterpretieren, demonstrieren sie Dienstleistungsbereitschaft und Integrationswillen. Darum schmecken beim Deutsch-Italiener *Spaghetti alla Carbonara* oft nach Schpagedi alla Remouladensoße. Und beim Deutsch-Inder kriegt, wer *Chicken Curry* bestellt, Hühnerfrikassee mit der Geschmacksintensität von Kamillentee.

Nein, dann lieber deutsche Hausmannskost. Darum lasse ich das Ristorante Romantica rechts liegen und suche mir ein Gasthaus, das nach viel Braunschweig und wenig Romantik aussieht. Dort bestelle ich Sauerfleisch (was immer das sein mag) mit ... Remouladensoße. Die Umstände, die zu meiner Remouladensoßen-Fixierung führten, habe ich auf Seite 45 geschildert. Seither bin ich von dem Wunsch getrieben, einmal im Leben von dieser Soße zu kosten. Die Wirtin nennt mich «junger Mann». Womit ich in 48 Stunden Deutschland zweimal «junger Mann» genannt worden wäre, obwohl das Geburtsjahr, das in meinem schönen roten Schweizerpass vermerkt ist, sowie die Falten, die meinen Hals wie eine Ziehharmonika aussehen lassen, eine solche Bezeichnung in keiner Weise rechtfertigen. Vielleicht denken die Deutschen: Einer, der so niedlich redet, muss noch jung sein. Weil Samstagabend ist und ich der einzige Gast bin – ich schwöre: der *einzige* –, frage ich die Wirtin in meiner feinfühlig-subtilen Schweizer Art, ob in Deutschland Urlaubszeit sei. Die Wirtin riecht den Braten beziehungsweise den *Pögg*[+], um es mit einer der eigenwilligeren Wendungen zu sagen, die unsere Mundart hervorgebracht hat. Vehement versichert sie mir, dass so ein Abend die absolute Ausnahme sei, sonst könnte sie den Laden gleich dichtmachen. Es seien «alle» an einer Versammlung, die, soweit

---

[+] *Schmöcksch dä Pögg?* Riechst du den Puck? Wir sagen *schmöcken* sowohl für schmecken wie auch für riechen. Die Fähigkeit zur Komplexitätsreduktion ist ein Zeichen von Intelligenz.

ich verstehe, irgendwas mit Rosenmontag zu tun hat. Wobei ich nicht weiß, ob sie alle Stammgäste, alle Braunschweiger oder alle 82 Millionen Deutschen meint. Am plausibelsten dünkt mich Letzteres.

Zum Thema Sauerfleisch mit Remouladensoße kann ich nicht viel sagen. Schmeckt okay, allerdings auch ein wenig dank der zwei Pils, mit denen ich die Mahlzeit herunterspüle. Das Pils war übrigens doppelt so gut wie offenes Bier in der Schweiz. Und das Chemnitzer Braustolz war viermal so gut wie offenes Bier in der Schweiz. Ich hatte in diesem Land auch schon Bier, das fünf- bis neunmal so gut war wie unseres. Nie aber halb so gutes.

Am nächsten Morgen frage ich mich zum Burgplatz durch. Der liegt zwar nur wenige hundert Meter vom Hotel entfernt. Da ich aber nicht fähig bin, einen Stadtplan zu lesen, bleibt mir nichts anders übrig, als fremde Menschen anzusprechen, obwohl mir das, wie erwähnt, nicht so liegt. Beim ersten Versuch werde ich prompt mit «keine Ahnung» angeschnauzt. Jetzt aber liegen Burgplatz und Dom in Sichtweite. Hübsche Ecke, hätte man der Stadt nicht unbedingt zugetraut. Was ich zu diesem Zeitpunkt noch nicht wissen kann: In weniger als dreißig Sekunden wird es zu einer Begegnung kommen, die mein Braunschweigbild entscheidend prägen wird. Jetzt stehe ich auf dem Burgplatz. Hier beginnt der Stadtrundgang, für den ich mich angemeldet habe. Aber es ist keiner da. Der Platz ist menschenleer. Wie könnte es anders sein. Ah doch, dort drüben steht eine Frau. Ich gehe zu ihr hin. Ich frage, ob sie etwas mit dem Stadtrundgang zu tun hat. Ja, sie ist die Fremdenführerin. Sie wird uns Braunschweig zeigen. Uns heißt: mir und sich selbst.

Erstens ist es ohnehin umwerfend, dass man für einen einzelnen Touristen eine Stadtführung macht. Zweitens erkundigt sich die Dame, die sich mir als Frau T. vorstellt, ob ich nicht ein wenig länger als die vereinbarten anderthalb Stunden Zeit habe. Es gebe so vieles zu sehen in Braunschweig. Drittens gehört Frau T. zu den Top fünf der nettesten Menschen, die ich als Tourist kennengelernt habe. Und ihre Führung ist wirklich interessant. Zum Beispiel erfahre ich, dass der Name Braunschweig von Brunswiek kommt, und Brunswiek von Brunos Wiek, was so viel wie «Brunos Handelsplatz am Wasser» bedeutet. Meine Stadt! Beeindruckt bin ich auch vom Dom. Nicht primär wegen Heinrich dem Löwen und seiner Mathilde, die dort begraben liegen. Mich beeindrucken ein fast drei Meter hoher Christus am Kreuz sowie ein Marmoraltar mit Bronzekapitellen. Das sogenannte Imervard-Kreuz stammt von 1150, der Altar von 1188. Ob die helvetische Kunsthandwerkszene vor über achthundert Jahren auch schon so weit war?

Wir überqueren eine Straße. Beziehungsweise: Wir stehen an einer Ampel und warten. Jetzt ist der Moment gekommen, mich bei allen Berlinern zu entschuldigen. (Da werden sie aber aufatmen, die Berliner.) Als ausgewiesener Deutschland-Nichtkenner konnte ich nicht ahnen, dass die verstörende Sitte, selbst dann an roten Ampeln stehen zu bleiben, wenn es einige Monate her ist, seit an der Stelle letztmals ein Fahrzeug gesichtet worden ist, dass dies keine Berliner Spezialität, sondern eine gesamtbundesdeutsche Eigenheit ist. Frau T. erzählt mir, dass sie einmal eine Führung mit Jugendlichen gemacht hat und neben der Gruppe ein Passant bei Rot über die Straße gegangen sei. Die Jugendlichen hätten höhnisch geklatscht und gerufen: «Na, du kommst dir wohl richtig toll vor!» Das ist ein Missverständnis, liebe deutsche Jugend. Bei Rot über eine verkehrsfreie Straße zu gehen, ist kein Akt zivilen Ungehorsams. Wir Schweizer kommen uns nicht wie Mahatma Gandhi vor, wenn wir das tun. Wir *vertubeln* bloß ungern unsere Zeit.

Auf der anderen Straßenseite steht ein imposantes Schloss. Mein geschultes Auge sagt mir, dass es sich nicht um die Residenz Heinrichs handeln kann – zu neu, der Bau. Volltreffer: Es handelt sich um die Rekonstruktion einer Schlossfassade, Baujahr 2007. Dahinter, sagt Frau T., verberge sich ein Kaufhaus, erstellt von einem Spross der Otto-Versand-Dynastie, der Ähnliches auch in anderen Städten mache. Was denn vorher hier gewesen sei, frage ich. Nichts. Beziehungsweise eine vergammelte Grünfläche. Die Deutschen verblüffen mich. Dass mitten in einer Stadt ein Stück Niemandsland wuchert und dort eines Tages eine Schloss-Attrappe hochgezogen wird, wäre in der Schweiz nur schwer vorstellbar. Ich finde so etwas grundsätzlich cool. Auch wenn ich dieses Teil hier nicht unbedingt als schön bezeichnen würde und mich auch die im Innenhof des Kaufhauses gezeigte Waschmaschinen-Ausstellung nicht wirklich zu fesseln vermag. Ferner finde ich verblüffend: Es heißt doch immer, die Deutschen seien staatsgläubig. Trotzdem lassen sie sich vom Otto-Versand ihre Städte umbauen. Zeugt von einer gesunden kapitalistischen Gesinnung und könnte angesichts der notorischen Finanznot vieler Kommunen ein wegweisendes Modell sein: Der Aachener Aldi-Dom. Die Odol-Siegessäule. This Fußgängerzone is presented by Coca-Cola.

Frau T. klärt mich darüber auf, dass in Braunschweig sehr vieles wiederaufgebaut werden musste. Neunzig Prozent der Innenstadt seien während des Krieges durch Bombenangriffe der Alliierten zerstört worden. Die Stadt sei eben unter den Nazis ein Zentrum der Rüstungsindustrie gewesen, weswegen es sich «lohnte, Braunschweig zu bombardieren». Sie sagt das ganz nebenbei, weder bußfertig noch zerknirscht, einfach darum, weil man einem Fremden erklären muss, warum es hier so aussieht, wie es aussieht. Ich muss an meinen Freund Tom denken. Bei einem unserer gemeinsamen Abendessen ereiferte er sich über die «habituelle, zunehmend inhaltsleere und auch eitle Dauerbeschäftigung der Deutschen mit der eigenen Geschichte». Tom war auf das Thema gekommen, weil der *Spiegel* wieder einmal eine seiner gefürchteten Endlosserien über die RAF brachte. Ich gab ihm damals recht. Der ewige deutsche Herbst – den hat man als Außenstehender irgendwann einmal satt. Aber ein Fall wie dieser liegt anders. Frau T. kann unmöglich einen Fremden durch ihre Stadt führen, ohne ein Wort über den Krieg zu verlieren. Es ist schwierig, in Deutschland der Geschichte zu entrinnen.

Zum Glück gibt es auch eine Gegenwart. Und die sieht so aus: Es ist Karneval, und ein Streifenwagen streift durch die Innenstadt. Auf dem Dach des Autos ist ein Teddybär befestigt. Die Polizei, dein Freund und Plüschtier. Deutschland, ein zahmes Kuschelmonster. Und an der Stelle in Berlin, wo einst der Eingang zu Hitlers Reichskanzlei war, steht jetzt eine Peking Ente.

Für eine Besichtigung des Rathauses reicht die Zeit leider nicht mehr. Ich will heute noch weiter nach Essen. (Die Stadt war mir von einem befreundeten Münchner als besonders grauslig empfohlen worden.) Ich verspreche Frau T., mir das Rathaus bei meinem nächsten Besuch von ihr zeigen zu lassen. Sie begleitet mich zum Hotel und wünscht alles Gute.

Im ICE nach Essen habe ich Zeit, über Deutschland, die Welt und mein Büchlein zu sinnieren. Dies ist, was dabei herausgekommen ist: Frau T. erwähnte, dass der dem Geschlecht der Welfen entstammende Ernst August Prinz von Hannover auch Herzog von Braunschweig sei. Wenn es nach ihr ginge, meinte

Frau T. schnippisch, könne der Prinz in Hannover bleiben. «Hannoveraner und Braunschweiger mögen sich nämlich nicht.» Und Herr W., mein Fremdenführer in Chemnitz, hatte über die «Großmacht Bayern» gefrotzelt. Auch Kanadier und Amerikaner leben ihre nachbarschaftlichen Gefühle ziemlich leidenschaftlich aus. Erinnert sei an die für ihren drastischen Humor berüchtigte amerikanische Trickfilmserie «South Park». In einer Folge erklärt US-Präsident Clinton Kanada aus hirnrissigem Anlass den Krieg, worauf ganze Panzerdivisionen über die Grenze rollen und amerikanische Kampfflugzeuge Toronto in Schutt und Asche legen. Rivalitäten, Spötteleien und Animositäten zwischen Nachbarn kommen eben überall vor. Nicht nur zwischen Schweizern und Deutschen. Sofern maßvoll zelebriert, sind solcherlei Aufwallungen harmlos, bisweilen wohltuend, kathartisch sogar, und vor allem: normal. Dass Identitätsbildung nicht zuletzt durch Abgrenzung von einer anderen Gemeinschaft/Stadt/Region/Nation erfolgt, ist für Soziologen und anverwandte Kreise Anfängerstoff. Und keine Erfindung eines von Minderwertigkeitskomplexen heimgesuchten Alpenvolks, das sich am großen Bruder Deutschland abarbeiten muss.

Die weltweit einzige Bevölkerungsgruppe, die das nicht versteht, sind die Schweizer Intellektuellen. Nicht alle zwar, aber ein guter Teil der sogenannten Meinungselite, bestehend aus Chefredakteuren, Universitätsrektoren, Literaten und Silberrücken des Feuilletonbetriebs. Exponenten dieses Milieus spielen sich gerne als Hausmeister des anständigen und gehaltvollen Diskurses auf. Sie fühlen sich dazu berufen, ihre tumben Mitbürger darüber aufzuklären, was sie zu beschäftigen hat und was nicht, worüber man sich ärgern darf und worüber nicht, wann es sich ziemt, besorgt zu sein, was wirkliche Probleme sind und was Scheinprobleme, erfunden vom Pöbel des Boulevards, von chauvinistischen Demagogen und anderen Grenzdebilen.

Unsere Hausmeister mahnen: Negative Gefühle gegenüber Deutschen und Deutschem sind in jedem Fall dumm, kleinlich, peinlich, unbegründet und natürlich provinziell. Sie verweisen darauf, dass die Schweiz dringend auf ausländische Fachkräfte angewiesen ist. Stimmt. Dass unsere Wirtschaft deutschen Unternehmern viel verdankt. Stimmt. Nestlé beispielsweise, eine der bedeutendsten Schweizer Firmen überhaupt, wurde von einem Apotheker aus Frankfurt gegründet. Dass die Wissenschaften und das Geistesleben immer schon von Deutschen mitgeprägt worden sind. Stimmt. Wie erwähnt, profitierte etwa die ETH Zürich, Augapfel des helvetischen Hochschulwesens, in ihren Anfängen wesentlich von der akademischen Entwicklungshilfe durch deutsche Gelehrte.

Nur hat das eine mit dem anderen nichts zu tun. Erstens: In der Alltagskultur etwa gibt es, wie wir gesehen haben, beträchtliche Unterschiede zwischen den beiden Ländern. Ob in einem Betrieb fünf oder fünfzig Prozent der Belegschaft aus Deutschland stammen, macht für einen Schweizer einen spürbaren Unterschied. Vielleicht findet er es toll, mit vielen Deutschen zu arbeiten, vielleicht grauenhaft, vielleicht ist es ihm egal. Aber wieso es anstößig sein soll, über dieses Thema zu reden, wieso man es nicht als gewöhnungsbedürftig empfinden darf, mit Kollegen aus einem anderen Land zusammenzuarbeiten, warum man von diesen nicht erwarten kann, dass sie unsere Sprache innert nützlicher Frist, nein: nicht sprechen, Gott behüte, aber verstehen lernen, und wieso man sich nicht manchmal über sie wundern oder ärgern darf, das will mir nicht einleuchten. Zweitens: Wie wir ebenfalls gesehen haben, reiben wir Schweizer uns nicht erst seit gestern an Deutschland, beschäftigen uns mit seiner Sprache, Politik, Kultur und seinen Bewohnern, damit, was an dem Land irritiert, provoziert, einschüchtert, fasziniert, inspiriert, was das Trennende und was das Verbindende ist, das Anziehende und das Befremdliche. Nein, dazu macht man sich hier schon seit vielen Jahrhunderten Gedanken, mal weniger und mal mehr. «Ich bin Schweizer, und Deutsch ist für mich eine Fremdsprache.» Dieser Satz stammt von dem Berner Dichter und Naturwissenschaftler Albrecht von Haller. Der Mann lebte von 1708 bis 1777. – Dass die helvetischen Hausmeister des Geistes so viel Geschichte für so wenig relevant halten, ist bemerkenswert.

Drittens: In den letzten drei Jahren sind netto rund 60 000 Deutsche in die Schweiz eingewandert. Das entspricht der Einwohnerzahl Luzerns, der achtgrößten Stadt des Landes. In Zürich gibt es Viertel, wo zwölf und mehr Prozent der Bewohner Deutsche sind, mehr als doppelt so viele wie noch vor wenigen Jahren. Das sind beträchtliche Veränderungen in kurzer Zeit, und es wäre merkwürdig, wenn sie von den Einheimischen gänzlich unbemerkt blieben, wenn daraus nie Konflikte entstünden und keiner je darüber nachdächte, ob allenfalls auch nachteilige Folgen zu erwarten sind.

Um die Zahlenspielerei aus dem ersten Kapitel aufzunehmen: Von den Dimensionen her präsentiert sich unsere Situation so, wie wenn sich in Deutschland innert dreier Jahre 700 000 meist hochqualifizierte Amerikaner oder Russen oder meinetwegen Schweizer niederließen. Vielleicht wären das für Deutschland ausgezeichnete Neuigkeiten, keine Ahnung, aber mit Sicherheit würde eine solche Zuwanderung zu heftigen Debatten führen und auch zu Ängsten in der Bevölkerung. Selbst in den USA streitet man darüber, was die Nation ausmacht, wie man ihre Essenz bewahrt und ab wann diese bedroht ist. Darum ging es beispielsweise im letzten Werk des Politologen Samuel Huntington *Who we are – Die Krise der amerikanischen Identität.*[+] Natürlich ist der Rahmen ein vollkommen anderer. Aber wenn im mächtigsten Land auf Erden über solche Themen debattiert wird, warum sollte dies in einem der kleinsten Länder Europas nicht statthaft sein? Ausländer in der Schweiz, Einwanderung in die Schweiz, Deutsche in der Schweiz: Selbstverständlich kann man dumm, kleinlich, peinlich oder provinziell mit diesen Themen umgehen. Sich darüber Gedanken zu machen und sich mit den entsprechenden Emotionen und Ängsten auseinanderzusetzen, ist nichts von alledem.

Viertens und letztens (sonst verpasse ich noch den Ausstieg in Essen und lande in Duisburg): Vor dem Ersten Weltkrieg war die Fraktion der Germanophilen in der Schweiz ein eher sinistres Grüppchen – Antisemiten, Sozi-Hasser, Deutschtümler, Militaristen, die alles Preußische bewunderten. Im Jahr 2008 besteht sie vorwiegend aus Hochanständigen. Ist das nicht lustig? Dabei fällt auf, dass die Hochanständigen dazu tendieren, in Achtungsstellung zu gehen, sobald sie gepflegtes Hochdeutsch oder auch muttersprachliches Englisch hören. Sie vibrieren innerlich und jubeln: Jetzt wird's international! Was sie manchmal vergessen:

+ Den guten alten Huntington musste ich noch unterbringen. Einfach, um die vereinigten Hausmeister Deutschlands und der Schweiz zu ärgern. Sie halten nämlich den Mann, der dank seines vielzitierten und etwas weniger gelesenen Bestsellers *Kampf der Kulturen* einer der bekanntesten Sozialwissenschaftler weltweit ist, für einen bösen präsenilen Dumpfschädel, einen patriotischen Eiferer und *nutty professor*.

Die Schweiz ist schon längst international. Und: Ein achtköpfiges Akademikerteam aus beispielsweise Koblenz, das inklusive Chefsekretärin an eine Schweizer Universität disloziert, ist nicht zwingend kosmopolitischer als die örtliche Institutsbelegschaft. Vielleicht wird bloß Schweizer Lokalfilz durch deutschen Lokalfilz ersetzt. Hinter der pauschalen Bewunderung für alles, was von außen kommt, steckt die Ablehnung dessen, was schon da ist. Und diese Ablehnung ist genauso verkrampft und provinziell (da von einem Mangel an Selbstbewusstsein zeugend) wie das Errichten mentaler Deiche gegen alles Nichtschweizerische.

Das Traurigste, das einem zu diesem traurigen Thema in den Sinn kommt, sind jene Schweizer Literaten, die nicht als Schweizer Literaten bezeichnet werden möchten. Sondern als deutschsprachige oder noch besser europäische Literaten. Was es nicht alles gibt! Die Anti-Schweiz-Schweizer erinnern mich immer ein wenig an Teenager, die sich ihrer Eltern schämen: Niemand trägt so peinliche Kleider wie meine Mutter! Keiner schmatzt so laut wie mein Vater! Das Schlimmste: sich mit den Eltern in der Öffentlichkeit zeigen zu müssen. Dass die Umwelt diese Eltern vielleicht gar nicht so daneben findet, entgeht den Teenagern. Im Unterschied zu Schweizer Literaten werden Teenager irgendwann erwachsen. Es gelingt ihnen, sich mit den Eigenheiten der Eltern abzufinden, deren Marotten, Fehler und Schwächen mit einer gewissen Heiterkeit und Gelassenheit zu betrachten. Und sie erkennen: Sind trotz allem ganz in Ordnung, diese Eltern. Nein, es gibt kein Entrinnen. Wer das eigene Land bessern will, der muss es zuerst mögen.

Wenn man in Essen aus dem Bahnhof tritt, merkt man sofort: Das hier ist eine Stadt. Wer diesen Satz für banal hält, der irrt oder lebt in Deutschland. In deutschen B-Städten merkt man das nämlich nicht unbedingt. Dort beginnen am Bahnhof gerne überdimensionierte Asphalt-Alleen, die aussehen, als führten sie zum Regierungspalast eines Drittweltdespoten. Aber in Essen hat es rund um den Bahnhof viele Häuser, und es herrscht richtig Betrieb. Ich überquere die Straße (bei Grün) und betrete die Fußgängerzone. Dazu zwei Bemerkungen. Die erste richtet sich an sämtliche Stadtplaner der Bundesrepublik Deutschland. Diese pseudogemütliche Kopfsteinpflaster-Manie ist schlecht. Schlecht für Menschen wie mich, die im Besitze eines Rollkoffers sind und diesen zu ihrem Hotel r o l l e n und nicht schleppen möchten, weil sie sonst gleich mit einem Seesack auf Reisen hätten gehen können. Gibt es in Essen überhaupt eine Kopfsteinpflasterzone? Jetzt bin ich plötzlich nicht mehr sicher. Auf alle Fälle habe ich kaum je so viel Kopfsteinpflaster gesehen wie während meiner Deutschland-Spritztour. Bemerkung Nummer 2: Deutsche Fußgängerzonen stehen im Ruf, nicht so schön zu sein. Bestätige: Nahezu alle deutschen Fußgängerzonen, die ich gesehen haben, waren nicht so schön. Und Essen ist nicht unbedingt die Ausnahme, die die Regel bestätigt. (Vielleicht tröstlich: Ich habe mal in einem Außenquartier von London in der Nähe der Fußgängerzone gewohnt. Gäbe es eine WM für hässliche Fußgängerzonen: Die Engländer würden endlich wieder mal gewinnen.)

Hierfür muss man die Deutschen loben: Ich habe gelesen, dass sie ihre Fußgängerzonen «Fuzo» nennen. Das passt. Vorschlag: Eine Fuzo mit Kopfsteinpflaster heiße fortan Kozo. Ich schultere also meinen Rollkoffer und schleppe ihn durch die Essener Kozo. Schon nach wenigen Metern erreiche ich ein Plätzchen mit lauter netten Cafés, die voll sind mit sympathischen Menschen. Musik dringt ins Freie und Gelächter und das dezente Klirren von

Gläsern. Ich stopfe meinen Koffer in den erstbesten Abfalleimer und tauche ein ins beschwingte Gewühl.

Ich muss kurz eingenickt sein. War alles nur ein Traum. Ein schöner, schöner Traum. In Wahrheit bin ich im Hotelzimmer. Das Etablissement wird von einem christlichen Verein geführt. Auch das passt. Das Zimmer hat die Größe eines Beichtstuhls und den Liebreiz einer Krypta. Was auf den ersten Blick vielleicht weniger passt: dass man sich bei den Christen Pornos reinziehen kann. Gegen eine milde Gabe, versteht sich. Ich bleibe frei von Sünde. Wobei das hier nicht so schwierig ist. Ein erotisierendes Ambiente sieht anders aus. Ich sehne mich zurück nach meinem Hotel in Chemnitz. Ich sehne mich überhaupt zurück nach Chemnitz. Denn der erste Eindruck von Essen hat getäuscht. Da draußen ist wieder mal sehr, sehr wenig. Ich lese, Essen wird 2010 Kulturhauptstadt Europas. Hm. Und ich lese, dass dieser Tage zwei Weltgrößen der klassischen Musik der Stadt ihre Aufwartung machen. Ich aber stehe am Theaterplatz. Und der ist so belebt wie die Wüste Gobi. Dabei ist morgen (wie ich erst jetzt realisiere, aber schon längst hätte merken müssen) Rosenmontag. Also ein Feiertag. Also müsste doch am Vorabend eine Innenstadt voll mit unternehmungslustigem Volk sein. Aber hier bin nur ich. Ich und Essen. Irgendwo ist noch ein kleiner Jahrmarkt. Eine *Chilbi*, wie wir sagen. Oder wie der Deutsche sagt: ein Rummelplatz. Aber das passt jetzt nicht. Rummel sieht anders aus.

Ich bin sicher, dass das alles mein Fehler ist. Ich bin einfach zu blöd, um mich in deutschen Städten an den richtigen Orten aufzuhalten. Dabei sind meine Ansprüche momentan gar nicht so hoch. Ich möchte bloß etwas essen. Aber essen in Essen ist schwierig. Wäre ich ein deutscher Komiker, dann wäre dieser

Kalauer von Super RTL live aus dem Westfalenstadion übertragen worden. Und 70 000 hätten Tränen gelacht. Irgendwann, irgendwo entdecke ich doch noch ein geöffnetes Lokal. Es sitzen sogar Menschen drin. Auf der Wochenkarte finden sich Gerichte wie «Da brauch ich keinen Schirm» oder «Rudi Carrell Gedächtnisteller». Grundsätzlich habe ich gegen Quietschvergnügtheit nichts einzuwenden. Außer beim Sex und auf Speisekarten. Zur Feier des Tages mache ich eine Ausnahme: Ich lache Tränen.

Das ist jetzt ein abrupter Übergang: Ich sitze bereits wieder im Zug und fahre über Köln nach Bonn. Damit es nicht heißt, ich würde noch mehr meckern als die Deutschen, die in die Schweiz gezogen sind, enthülle ich: Während der letzten WM habe ich ein paar Tage in Köln verbracht. Hat mir ausgezeichnet gefallen, die Stadt. Für den abrupten Übergang gibt es übrigens gute Gründe. Erstens: In der Christen-Absteige muss man um zehn Uhr morgens auschecken. So früh, das könnte Weltrekord sein. In Berlin war ich mal in einem Hotel, wo man bis ein Uhr nachmittags frühstücken konnte. Deutschland, das Land der Gegensätze: Berlin, die Stadt, die immer schläft; Essen, eine Kulturmetropole im Wachkoma.

Berlin, die Stadt, die immer schläft – diesen Satz habe ich geklaut. Oder vielmehr seiner eigentlichen Bestimmung zugeführt. Ein frecher Österreicher hat ihn nämlich einst auf Zürich gemünzt. Ein unglaublicher Zufall will es, dass es sich um denselben Österreicher handelt, der auf Seite 100 dieses Büchleins schon einmal vorgekommen respektive eben nicht vorgekommen ist. Der Leser erinnert sich oder vielleicht auch nicht: Ich hatte dem Mann eine Reihe neutraler Suggestivfragen zum Verhältnis zwischen Österreichern und Deutschen gemailt und nie eine Antwort erhalten. Gestern ist sie doch noch eingetroffen.

Zwei Monate zu spät, aber immerhin. Er hätte sich die Mühe sparen können. Was er geschrieben hat, kann ich unmöglich abdrucken. So kritiklos pro-deutsch ist nicht einmal die *Bild*-Zeitung. Dieser Österreicher ist ein verkappter Teutone. Eine Art Länder-Transvestit. Wusste ich's doch: Die beiden Völker stehen einander einfach näher als uns. Meinen Landsleuten kann ich die Ausführungen dieses Mannes jedenfalls nicht zumuten, und den Deutschen gönne ich den Triumph nicht. Die Einzigen, die allenfalls damit umgehen können, sind die Österreicher selbst. Die sind masochistisch genug. Also: Wer eine Anfrage schickt an *gummihaelse@yahoo.de*, aus der zweifelsfrei hervorgeht, dass der Absender ein volljähriger Bürger der Republik Österreich ist, der erhält die Antworten von mir zugestellt. Zweifelsfrei heißt: Bitte eine gescannte Fotokopie des österreichischen Passes mitsenden. Wobei ich soeben realisiere, dass das nichts bringt. Die Österreicher sind ja jetzt in der EU und besitzen gar keine eigenen Pässe mehr. Dann muss man sich eben auf eine andere Weise ausweisen. Beispielsweise, indem die Anfrage mit landestypischen Begriffen und Wendungen versehen wird. Schmähbussikratzerl. Oder sachertörteln. Oder sich vor Lachen mozartkugeln.

Wir sind etwas abgeschweift. Wir befinden uns noch immer im Zug nach Bonn via Köln. Wir waren bei den Gründen stehengeblieben, die mich veranlasst haben, das Thema Essen abrupt zu beenden. Der erste Grund wurde bereits genannt. Nummer 2: Die örtliche Touristikzentrale hat ein geniales Angebot. Stadtrundfahrten mit dem Taxi, und der Fahrer ist zugleich der Fremdenführer. Das hätte ich wirklich gerne gemacht. Geht aber nicht am Rosenmontag. Wir fassen zusammen: Ich stehe an einem Rosenmontagmorgen um zehn Uhr in der Früh hotelzimmerlos mit einem Rollkoffer am Rande der Essener Kozo und telefoniere mit einer unbesetzten Touristeninformation. Wem das nicht reicht an guten Gründen, dem sei verraten: Ich habe den Zettel mit meinen Notizen zu Essen verloren. Aber ich werde wiederkommen. Spätestens im Jahr 2010.

Wenn man mit dem ICE durchs Land rollt und es ereignet sich nichts Erwähnenswertes – rundherum sitzen normale Deutsche, die normal Zeitung lesen, zum Fenster hinausschauen oder schlafen, und irgendwann kommt ein Schaffner, der normal die Fahrkarten kontrolliert und danach eine angenehme Reise wünscht –, dann kommt man zu dem Schluss: Der moderne Deutsche ist schon fast ein Schweizer. Er ist von gänzlich unbedrohlicher Natur. Allerdings gibt es Momente des Zweifels. Zum Beispiel wenn in Köln ein überfüllter Zug mit juvenilem Karnevalsvolk einfährt, das grölend ins Freie drängt und – egal, ob Junge oder Mädchen, ob 24 oder 13 – mit Wodkaflaschen, Bierdosen und billigem Schnaps bewaffnet in kollektiv besoffener Radaulaune Richtung Domplatz torkelt. Dabei hat die Glock' erst elf geschlagen. Guten Morgen, Deutschland.

Wieso Bonn? Drei Gründe. Zwei ehrbare und ein niederer. Eine Bekannte von mir war einst in Bonn. Sie war ähnlich begeistert von der Stadt wie die junge Journalistin des *Tages-Anzeigers* von Kassel. Die Bekannte erzählte, sie habe in einem dünnbesiedelten Außenbezirk Bonns übernachtet. Abends um neun sei der Fußweg zur Pension so finster gewesen, dass sie den Weg mit der Taschenlampe habe suchen müssen. Am nächsten Tag realisierte die Bekannte, dass sich die Pension in Wahrheit im Stadtzentrum an einer Durchgangsstraße befand. Diese Schilderung entsprach in etwa meinen Vorurteilen. Mit Bonn assoziiere ich eine Lagerhalle, die in einer Gewerbezone liegt und in der ein paar verstaubte Büromöbel aus den siebziger Jahren herumstehen. Die ehrbaren Gründe: Eine gewesene Hauptstadt besichtigen. Und Beethovens Geburtshaus.

Bonn, da bin ich mir jetzt ganz sicher, hat eine Kozo. Das macht aber keinen Unterschied. Selbst eine kommune Fuzo wäre für mich und meinen Rollkoffer am heutigen Tag unberollbar. Zürich kann sich diverser renommierter Institutionen und Anlässe aus den Bereichen Kultur und Zerstreuung rühmen. Die *Fasnacht* (so geschrieben) gehört nicht dazu. Ich bin, wie die meisten Zürcher, ein Fasnachtsmuffel und -ignorant. Ich zwänge mich und meinen «Roll»-Koffer an karnevalisierendem Jungvolk vorbei, auf der Suche nach einem Café, das a) geöffnet ist und b) dennoch nicht überfüllt mit Gästen, die absonderliche Gewänder und merkwürdigen Kopfschmuck tragen.

Ich stelle fest: So groß ist der Unterschied gar nicht zwischen Deutschen in Zivil und Deutschen in Karnevalskostümen. Und wie am Kölner Bahnhof sind auch hier alle betrunken. Doch die Szenerie wirkt entschieden weniger bedrohlich. Muss am hohen Studentenquotienten in dem Städtchen liegen. Interessant finde ich auch jene Studenten, die unverkleidet herumlungern. Die sehen nämlich genau so aus, wie bei uns Menschen aus der Alternativszene vor zwanzig Jahren. Für eine täuschend echte Reise in die Vergangenheit fehlen einzig ein paar Schäferhunde und Irokesenfrisuren. Das kommt jetzt so überraschend wie ein herausgespieltes Tor der Schweizer Fußballnationalmannschaft: Ich sichte ein Café, das a) geöffnet ist und b) nicht überfüllt mit Gästen, die absonderliche Gewänder und merkwürdigen Kopfschmuck tragen. Der Zwitter aus Café und Bäckerei heißt Star Back. Nur schon darum verliebe ich mich sofort in den Laden. Als mich der türkische Besitzer auch noch fragt, ob ich meinen Kaffee «stark» wolle, sinke ich vor ihm auf die Knie, küsse seine

Füße und beginne vor Dankbarkeit zu heulen. Nur innerlich natürlich. Es braucht schon etwas mehr als ein bisschen Karneval, bis ein Schweizer aus sich herausgeht.

Im Hotel (günstig ist anders, ansonsten ausnahmsweise keine Klagen) erkundige ich mich wider alle Gesetze der Plausibilität, ob das Beethovenhaus heute Nachmittag vielleicht doch offen habe. Ich hätte genauso gut fragen können, ob es hier in der Nähe einen Strand gebe, der sich zum Wellenreiten eignet. Sinngemäß antwortet die Rezeptionistin, dass in Bonn am Montag sowieso alles geschlossen habe und zweitens Rosenmontag sei. Das Beethovenhaus hat also in gewisser Weise doppelt geschlossen. Und morgen? Das hingegen scheint die überflüssigste Frage zu sein, die ich je gestellt habe: Natürlich, offen, alles. Allmählich erkenne ich das Muster. In Deutschland hat jeden Tag eine andere Stadt zu: am Freitag Chemnitz, am Samstag Braunschweig, am Sonntag Essen, am Montag Bonn. Und am Dienstag, da bin ich mir mittlerweile sicher, wird es Freiburg sein. Denn da will ich morgen hin. Was für ein Pechvogel ich doch bin!

Mein Beethoven-Alternativprogramm lautet Regierungsviertel. Ich lasse meinen Rollkoffer im Hotel und schlendere für einmal unbeschwert durch Bonns durchaus gelungene Synthese aus Fuzo und Kozo zum Bahnhof. Von dort fährt nämlich eine U-Bahn zum Regierungsviertel. Die neunzehntgrößte Stadt Deutschlands verfügt über eine U-Bahn. Es staunt in mir. Die neunzehntgrößte Stadt der Schweiz ist ein Vorort von Zürich namens Uster und zählt dreißigtausend Einwohner.

Die Geschichte meiner Exkursion zum ehemaligen und ein klein wenig auch aktuellen Regierungsviertel der Detlefs ist rasch erzählt. Ich schleiche um den Bundesrechnungshof und das Auswärtige Amt herum und werde das Gefühl nicht los, dass man mich demnächst verhaftet, wenn ich nicht schleunigst den Rückzug zur U-Bahn-Station antrete. Die sogenannte Museumsmeile, in deren Nähe sich auch der ganze Rest (Bundestag, Bundeskanzleramt) befindet, ist imposant. Nicht nur der Architektur wegen, sondern nur schon aufgrund der Namen der Institutionen, die sich hier befinden: Kunst- und Ausstellungshalle der Bundesrepublik Deutschland. Haus der Geschichte der Bundesrepublik Deutschland. Tönt fast so bedeutungsschwer wie die Ouvertüre zu einer Beethoven-Sinfonie. Alles sehr groß und weitläufig hier. Und doch befinden wir uns in Bonn. Erstaunlich. Als ich dreizehn Jahre alt war – was in meinem Fall bedeutet: lange Zeit, bevor der Stimmbruch mich ereilte –, kaufte ich mir eine blaue Daunenjacke. EINE GIGANTISCHE BLAUE DAUNENJACKE, die für meinen Bubikopf und meinen Kinderkörper ein, zwei, drei, vier Nummern zu groß war und in der die Klitschko-Brüder bequem Platz gefunden hätten. Bonn besitzt auch so eine Daunenjacke.

Nachdem ich vor den Toren der Kunst- und Ausstellungshalle der Bundesrepublik Deutschland dreimal erfolglos «Sesam öffne dich» gesagt habe (muss an meinem Schweizer Akzent liegen) und unten am Rhein keinen Surfstrand erspähen kann, setze ich mich wieder in die U-Bahn. In der Fuzo wird gedudelt, getrommelt, gescheppert und getrötet. Und gesungen: «Ich hab 'ne Zwiebel auf dem Kopf. Ich bin ein Döner. Denn Döner macht schöner.» Manchmal wünschte ich mir, ich wäre so taub wie Ludwig van B. in seinen alten Tagen.

Die Zugfahrt nach Freiburg dauert mehr als dreieinhalb Stunden. Daher muss sich rechtzeitig im Bonner Beethovenhaus einfinden, wer Freiburg nicht erst *by night* erreichen will. Das Museum ist ab zehn Uhr geöffnet. Ich stehe bereits um 9.53 Uhr an der Bonngasse 20 und komme mir vor wie ein Rentner, der anderthalb Stunden vor seinem Termin beim Hausarzt im Wartezimmer Platz nimmt. Um 10.05 Uhr rüttle ich erstmals an der verschlossenen Tür. Wahrscheinlich bändigt der Museumswärter daheim im Bett seinen Karnevalskater. Um 10.32 Uhr latsche ich quer durch die überraschend weitläufige Fuzo zur Touristeninformation. Das Beethovenhaus habe erst ab elf Uhr offen, bescheidet mir ein Mitarbeiter. Ich ignoriere seinen irritierend naseweisen Ton, was sonst nicht meine Art ist. Auf der Homepage heiße es ab zehn, sage ich bloß. Er triumphierend: Nur im Sommer!

Schweizer können manchmal etwas pedantisch sein. Hier also die Öffnungszeiten des Beethovenhauses, die ich von der offiziellen Homepage mittels «copy paste» in diesen Text eingefügt habe.

1. April bis 31. Oktober
  Montag bis Samstag 10:00–18:00 Uhr

1. November bis 31. März
  Montag bis Samstag **10:00**–17:00 Uhr

Das habe ich natürlich erst im Nachhinein überprüft. Zu dem Zeitpunkt, als ich die Touristeninformation verlasse, vertraue ich voll und ganz der Sachkompetenz von Monsieur Naseweis. Ich gehe davon aus, dass Monsieur Naseweis sich beim Thema «Öffnungszeiten der größten Touristenattraktion Bonns» besser auskennt als ich. Wie naiv von mir. Wieso eigentlich Monsieur und nicht Herr Naseweis? Ich fühle mich eben momentan ziemlich französisch. Muss am Faltprospekt liegen, den ich mir in der Touristeninformation eingesteckt habe. Auf dem Prospekt steht «BonnJour». 11.02 Uhr. Die Anzeichen verdichten sich, dass ich ohne Bohrmaschine von Black & Decker® heute nicht mehr in mein Beethovenhaus komme. 11.13 Uhr. Die Tür zum Beethoven-Shop, der sich gleich neben dem Beethoven-Museum befindet, geht auf, und ein Herr tritt auf die Straße, der schwer nach Kultur aussieht. Ich stelle mich zuerst ihm in den Weg und dann ihn zur Rede. Das Museum, nuschelt er, habe heute geschlossen. Eine Höflichkeitsfloskel wie «bedaure» scheint der Kultur-Monsieur nicht in seinem Wortschatz zu führen. In der Touristeninformation habe man aber nichts davon gewusst, maule ich. Der Monsieur nimmt's mit leisem Ennui zur Kenntnis. Erst als ich weitermaule, dass man dies wenigstens auf der Museumshomepage hätte erwähnen können, kommt er ein wenig in Fahrt. Das sei dort sehr wohl vermerkt, sagt er leicht indigniert. Weil mir nichts mehr in den Sinn kommt, womit ich ihn weiter ärgern kann, lasse ich ihn von dannen schlurfen und begebe mich meinerseits zum Hotel, wo ich sofort meinen Laptop einschalte, *www.beethoven-haus-bonn.de* aufrufe und folgenden Satz lese:

Geschlossen ist Beethovens Geburtshaus nur ganz selten.

Dieser seltene Fall tritt unter anderem an Neujahr ein. Sowie am Rosenmontag und am Karnevalsdienstag. Karnevalsdienstag? Nie gehört, den Ausdruck. Doch als kluges Schweizerkerlchen kombiniere ich blitzschnell: Auf Montag folgt Dienstag; auf Rosenmontag folgt Karnevalsdienstag. Ich will ja kein schlechter Verlierer sein. Aber sollte ich je für die Homepage von Zürich Tourismus verantwortlich sein, dann werde ich dort hinschreiben:

Geschlossen ist das Landesmuseum nur ganz selten: Neujahr, Sechseläuten, Knabenschießenmontag.

Und weil Zürich eine internationale Stadt ist und es auch mir persönlich ein Anliegen ist, unsere Gäste aus aller Welt möglichst informativ zu informieren, werde ich ergänzen:

Closed is the Landesmuseum only very rarely:
New Year, Sixbelling, Boyshootingmonday.

Adieu, Bonn. Ich komme wieder. Es bleibt mir nichts anderes übrig.

Im ICE blättere ich in einer Zeitschrift namens *Mobil*, dem Kundenmagazin der Deutschen Bahn. Die Zeitschrift bringt einen längeren Beitrag über die Verstrickungen der Deutschen Reichsbahn in die NS-Verbrechen. Die Überschrift lautet «Sonderzüge in den Tod». Mir kommt Toms Argwohn gegen den Geschichtsmasochismus der Deutschen in den Sinn. In diesem Moment neige ich dazu, ihm recht zu geben. Bestimmt beruht der *Mobil*-Artikel auf der ehrenvollen Absicht, sich «kritisch mit der eigenen Vergangenheit auseinanderzusetzen». Als Schweizer tendiert man eher dazu, diese Art von Beitrag in dieser Art von Magazin für deplatziert zu halten. Zwischen Lifestyle-Frohsinn und Reisereportagen ein bisschen Holocaust? Abwechslungsweise zum Fenster hinaussehen, Wurstbrot mampfen, Kreuzworträtsel lösen und kurz vor dem Einnicken ein paar Seiten Kriegsverbrechen querlesen?

Manchmal wünschte man sich, deutsche Medien würden ihrem Publikum ähnlich viel zumuten, wenn es um die Gegenwartsbewältigung geht. Im Hotelzimmer in Bonn hatte ich mir, während man draußen die Schönheiten des Döners besang, auf Arte den Film *Wut* angesehen. In dem mehrfach preisgekrönten Fernsehdrama geht es um den maximal eskalierenden Konflikt zwischen einer ziemlich zerrütteten Familie aus dem gehobenen deutschen Bildungsbürgertum und einem ziemlich durchgeknallten türkischen Berlin-Kid (fabulös gespielt). Der Film thematisiert ebenso hässliche wie vertrackte Themen unserer Zeit: Jugendgewalt, Zusammenprall der Kulturen, liberale Ratlosigkeit und Ohnmacht. Ein brillantes, zugleich schwer zu ertragendes Werk. Wieso es sich aber um ein der Allgemeinheit *nicht zumutbares* Werk handeln soll, verstehe ich auch jetzt nicht, da ich den Film ein zweites Mal gesehen habe. Zu dem Schluss kam bekanntlich die ARD, als sie die Erstausstrahlung von *Wut* im Herbst 2006 von der Hauptsendezeit ins Very-Late-Night-Programm abschob und sicherheitshalber noch eine Diskussionssendung anhängte, die sich als gruppentherapeutische Beschwichtigungsmaßnahme entpuppte.

In Erinnerung geblieben ist mir nicht zuletzt der damalige Verriss im *Spiegel*. Obwohl es sich beim Filmregisseur um einen jüngeren Deutschen türkischer Herkunft handelt, dieser also zu dem Stoff möglicherweise ebenso viel zu sagen hat wie feuilletonisierende Wohlstandsbürger, fuhr der *Spiegel*-Kritiker ganz schweres Geschütz auf. Gewissermaßen mit einer Dicken Bertha der *political correctness* feuerte er in beinahe ehrverletzender Weise auf den Regisseur, unterstellte ihm niedere Motive, Verantwortungslosigkeit und Gewaltgeilheit («weil es ästhetisch so hinreißend ankommt»). Sehr moralisch, bemerkenswert selbstgerecht und in dieser Mischung aus Empfindlichkeit, Aggressivität und volkserzieherischem Eifer («was nützt eine Ehrlichkeit, die in den Schrecken mündet?») ziemlich deutsch. Vielleicht ein Thema für die nächste Ausgabe von *Mobil*?

Kurz vor Freiburg im Breisgau begehe ich eine Ökosünde: Ich stopfe eine PET-Flasche in den Papierkorb. Ich bin sonst nicht so. Aber auf einmal überkommt mich diese unbändige Lust, unartige Dinge zu tun. Hätte ich einen FCKW-haltigen Kühlschrank in meinem Rollkoffer, dann würde ich den jetzt aus dem Fenster schmeißen. Wird wohl mit meinem Reiseziel zusammenhängen. Gegen keine andere deutsche Stadt hege ich größere, haltlosere, albernere Vorurteile. Ich muss mich mal kurz von allen argumentativen Fesseln befreien, die ich mir im Verlauf dieses Büchleins auferlegt habe, und meinen Assoziationen zu Freiburg ungehemmten Lauf lassen: Biogurkensalat, Jesussandalen, Ökoduschen, Menschenteppiche, Musterschüler, Wertekanonen; Fußball: Zweite Liga, Sprache: Champions League der grausamen Dialekte.

Umso größer die Erleichterung am Bahnhof: keine Antiglobalisierungsdemos, keine Falafel-Stände, keine Solarmobile. Dafür ein richtig fetter Mercedes, der vorbeigleitet. Gleich wird es noch viel besser kommen. Doch das muss ich mir erst einmal verdienen. Ich tue das, indem ich meinen Rollkoffer ein weiteres Mal durch eine Kozo trage. Mein Rollkoffer ist übrigens klein, aber schwer. Es befinden sich Bücher darin und ein Laptop und Prospekte aus all den deutschen Städten, die ich in den letzten Tagen heimgesucht habe. Und ein zweites Paar Schuhe. Okay, die Schuhe sind mein Fehler. Ich konnte doch nicht ahnen, dass man mich in Chemnitz *nicht* überfallen würde.

Jetzt bin ich in einem schönen Hotelzimmer am schönen Rathausplatz. Kein Vergleich zu dem überteuerten Verließ in Essen. Leider kann ich mein schönes Hotelzimmer nicht genießen. Ich sitze vor meinem Laptop und bin sehr, sehr nervös. Wenn ich jetzt meine Nachrichten abrufe, dann wird eine von meiner Lektorin dabei sein, die das Manuskript gelesen hat. (Bis auf dieses Kapitel, natürlich.) Vielleicht sollte ich, bevor ich mich ihrem Verdikt aussetze, im Freiburger Münster eine Votivkerze anzünden? Oder ein Biolamm opfern? Oder mich, wegen der PET-Flasche, die ich mutwillig in den Papierkorb gestopft habe, öffentlich mit einem Lederriemen geißeln? Noch besser: Ich schreibe der Lektorin, mein Onkel Sepp besitze ein Schweizer Nummernkonto, das er – als Zeichen nachbarschaftlicher Solidarität – einem Bürger oder einer Bürgerin der Bundesrepublik Deutschland überlassen möchte. «Da habe ich spontan an Sie gedacht, hochverehrte Frau Lektorin. PS Wie hat Ihnen mein Manuskript gefallen?»

Die Betreffzeile ihres Mail lautet «Abschlussbericht».

Oje.

Die bekannteste Juristin unseres Landes heißt Carla Del Ponte. Sie war bis vor kurzem Chefanklägerin am Internationalen Strafgerichtshof für das ehemalige Jugoslawien in Den Haag. Signora Del Ponte hat sicher viele Mails mit der Betreffzeile «Abschlussbericht» versandt. Und vom WDR erhielt ich mal ein Mail behufs «Kontaktwunsch». Da denkt unsereiner an eine schmuddelige Telefonkabine, die mit Aufklebern tapeziert ist, in der Art von: «Kontaktwunsch – Einsamer Boy aus Prag sucht starke deutsche Hand».

Glück gehabt. Der Abschlussbericht meiner Lektorin ist weniger schlimm als befürchtet. Der Abschlussbericht meiner Lektorin ist ... ICH LIEBE MEINE LEKTORIN, ICH LIEBE FREIBURG, ICH LIEBE DEUTSCHLAND.

Ich bin jetzt in bedingungsloser Festlaune. Raus aus dem Hotelzimmer und hinein ins Abendleben. Denn das gibt es in Freiburg tatsächlich. Die Straßen sind voll mit flanierendem Volk, die Geschäfte gut besucht, und Kneipen gibt es hier auf 300 Metern mehr als in all den anderen Städten, in denen ich in den letzten Tagen war, zusammen. Ich stolziere durch die Gassen und werde von drei sympathischen Hanseaten – groß, blond, selbstbewusst – gefragt, wo es denn hier zur XY-Straße lang gehe. Ich würde mich selbst erst seit einer halben Stunde in dieser bezaubernden Stadt aufhalten, sage ich lachend. Sie lachen zurück.

Im Glückswahn durchbreche ich mein Deutschlandprinzip Nr. 1. Sieht wirklich charmant aus, diese Osteria. Da will ich hinein. Drinnen werde ich sogleich von Harrison-Ford-artigem Wagemut übermannt. Ich bestelle Rotwein. In Deutschland! Der Wein schmeckt fabelhaft, und am Nebentisch nimmt ein Mädchen Platz. (Interne Mitteilung an meine Gattin: In weniger als vier Minuten wird sich ihr Freund dazugesellen.) Es muss sich um eine zerstreute Studentin handeln, denn der Kellner macht sie darauf aufmerksam, dass sie die Zeitung von vorgestern liest. Dankbar um den Hinweis bittet sie mich, ihr die Zeitung von heute zu reichen. Meine Blitzanalyse ergibt: Niedlich, die Kleine. Würde man sie nach Zürich zum Logopäden schicken, auf dass sie von ihrem Idiom geheilt werde und unseres erlerne (oder wenigstens Hochdeutsch) und hernach zu Bruce Darnell, dem schmalen, dunklen Powackelmann, auf dass Herr Bruce sie zwinge, ihre lila Pluderhose der Caritas zu vermachen, dann wäre das Mädchen vielleicht etwas für meinen auf Seite 69 eingeführten Trauzeugen.

Am nächsten Morgen nutze ich die Gelegenheit zu einem Rundgang bei Tageslicht. So ein Rundgang durch Freiburg dauert nicht lange, was mir entgegenkommt, da es bald heimwärts gehen soll. Ich gelange in ein lauschiges Viertel, von dem ich annehme, dass sich hier, wenn der Morgen gründlich vorbei ist, gehäuft Studenten zeigen. Freiburg ist wirklich eine positive Überraschung. Ich ziehe in Erwägung, eines Tages freiwillig wieder-zukommen. Eine Brücke führt über ein Rinnsal zurück ins Zentrum. Einmal mehr kombiniere ich blitzschnell: Bei dem Rinnsal muss es sich um die Dreisam handeln. Und ich dachte immer, der kümmerlichste Stadtfluss Europas fließe durch Zürich. Einsam, zweisam, dreisam: Vielleicht sollte man in Freiburg einen Swingerklub eröffnen und ihn «Studio Dreisam» nennen. Okay, dieser Scherz war jetzt nicht so doll. Ich werde persönlich dafür sorgen, dass er aus allen weiteren Auflagen dieses Büchleins gestrichen wird. Rechterhand erblicke ich ein Lokal namens «KGB – Sowjetisches Café». Autsch. Wie diese Art von Humor wohl in Chemnitz ankäme? Und wieso eigentlich nicht «Café Gulag»? Oder «Chez Pol Pot»?

Bevor ich ins Hotel zurückkehre, wo mein Rollkoffer darauf wartet, ein letztes Mal zum Bahnhof getragen zu werden, besichtige ich das Freiburger Münster. Die Kirche blieb bei den Bombenangriffen auf die Stadt von November 1944 nahezu unversehrt. Einzig das Dach wurde schwer beschädigt. Aus welchem Land die Ziegelspenden kamen, um das Dach wieder komplett einzudecken, das dürfte mittlerweile selbst der begriffsstutzigste Leser erraten.

Auf dem Münsterplatz erreicht mich eine SMS von meinem englischen Freund John. Bei uns heißt es übrigens *ein*, nicht eine SMS. John, noch immer fassungslos, weil seine fußballbehinderte Nation nicht bei der EM dabei ist, schreibt: «Ich werde mir eine Kuhglocke um den Hals hängen und die Schweiz ins Finale muhen.» Meine englischen Freunde lieben es nun mal, sich über die Schweizer lustig zu machen. Je gnadenloser, desto besser. Von meinen Freunden lasse ich mir das gerne gefallen. Was hingegen britische Zeitungen manchmal an unfundierten Klischees und bösartigen Übertreibungen über mein Land verbreiten, geht auf keine Kuhhaut. Diese Engländer! Darüber müsste man mal ein Büchlein schreiben.

Der Vollständigkeit halber:
Literaturverzeichnis

Hier eine Auswahl der von mir gekauften und gelesenen, gekauften und nicht gelesenen, gelesenen und sogleich wieder vergessenen, gelesenen und als anregend, klug, exzellent oder zumindest hilfreich empfundenen, gelesenen und als Ramsch beurteilten sowie aller sich zum Abschreiben geeignet erwiesen habenden Bücher, Büchlein, Aufsätze, Zeitschriften und Elaborate:

Michael Schindhelm: Mein Abenteuer Schweiz, Basel 2007.

Jürg Altwegg, Roger de Weck (Hg.): Kuhschweizer und Sauschwaben, Zürich 2003.

Hansmartin Schmid: Ein Unterschied wie zwischen Schmidt und Schmid. Deutsche und Deutschschweizer – verwandt und doch verschieden, Chur 1993.

Markus Kutter: Die Schweizer und die Deutschen. Es hätte auch ganz anders kommen können ..., Zürich 1995.

Niklaus Meienberg: Weh unser guter Kaspar ist tot. Plädoyers u. dgl., Zürich 1991.

Klaus Urner: Die Deutschen in der Schweiz. Von den Anfängen der Kolonienbildung bis zum Ausbruch des Ersten Weltkrieges, Frauenfeld/Stuttgart 1973.

Klaus Urner: «Die Schweiz muss noch geschluckt werden!» Hitlers Aktionspläne gegen die Schweiz, überarbeitete Neuausgabe, Zürich 1998.

David Signer, Andri Pol: Grüezi. Seltsames aus dem Heidiland, hrsg. von Koni Nordmann, Zürich 2007.

Beat Jung (Hg.): Die Nati. Die Geschichte der Schweizer Fussball-Nationalmannschaft, Göttingen 2006.

Dietrich Schulze-Marmeling (Hg.): Die Geschichte der Fußball-Nationalmannschaft, Göttingen 2004.

Thomas Küng: Gebrauchsanleitung für die Schweiz, München 2002.

Susann Sitzler: Grüezi und Willkommen. Die Schweiz für Deutsche, Berlin 2004.

Paul Parin: Typische Unterschiede zwischen Schweizern und Süddeutschen aus dem Kleinbürgertum, in: ders., Der Widerspruch im Subjekt. Ethnopsychoanalytische Studien, Hamburg 1992.

Hugo Loetscher: Unser klassisches Deutsch, in: Semikolon, Magazin der Schule für Angewandte Linguistik, 2006.

Hans Ulrich Jost: Bewunderung und heimliche Angst. Gesellschaftliche und kulturelle Reaktionen in Bezug auf das deutsche Kaiserreich, in: Deutsche und Deutschland aus Schweizer Perspektiven (= Itinera 26), Basel 2006.

Guy P. Marchal: «Quia Germani estis» (Jakob Wimpefling). «Schweizer» und «Deutsche» um 1500?, in: Deutsche und Deutschland aus Schweizer Perspektiven (= Itinera 26), Basel 2006.

Jürg Niederhauser: «Dieser beharrliche, mit fast schweizerischer Langsamkeit sprechende Ankläger». Bemerkungen zum gesprochenen Schweizer Hochdeutsch, in: Sprachspiegel 4 (1998).

Ingrid Hove: Zur Aussprache der Standardsprache in der deutschen Schweiz, in: Deutschblätter Nr. 45, Mai 2001.

Regula Schmidlin: Ein Blick auf Eigenheiten des deutschen Wortschatzes in der Schweiz, in: Sprachspiegel 4 (2007).

Friedrich Dürrenmatt: Zur Dramaturgie der Schweiz, in: ders., Politik. Essays, Gedichte, Reden (Werkausgabe in siebenunddreißig Bänden, Bd. 34), Zürich 1998.

Schweizer Bauer, Ausgabe vom Mittwoch, 25. Juli 2007.

Danke

Silvia.
Thomas.
Michael, Marvin, Silvester.
Hannes, Katrin, Herr Stadler, Simon, Simon.